Josef Dreißen . *Christliche Existenz*

Josef Dreißen

Christliche Existenz

Nach der seligen Franziska Schervier

Johannes-Verlag Leutesdorf am Rhein

Erste Auflage 1976

Mit kirchlicher Druckerlaubnis

Umschlagbild: Bronzeplakette der seligen Franziska von Aachen, von G. Weinert, Köln; Foto: Archiv der Armen-Schwestern vom heiligen Franziskus, Aachen

Der vorliegende Text erschien zuerst etwas verkürzt in der Zeitschrift „Ordenskorrespondenz“, Nr. 1 und 2/76, Organ der Deutschen Ordensobern-Vereinigungen

Gesamtherstellung: Druckerei des Johannesbundes e. V., D-5451 Leutesdorf am Rhein

ISBN 3-7794-0625-x

Vorwort

Die Schrift nennt sich „Christliche Existenz“, weil sich „klösterliche Existenz“ nicht wesensmäßig, sondern nur gradmäßig von der christlichen abhebt. Christliche Existenz wird grundgelegt in der Taufe als dem ersten sakramentalen Glaubenszeugnis. In der Taufe wird dem Kind der Name eines Heiligen gegeben. Damit wird symbolisch an- und ausgesprochen, daß es mit seinem Namen bereits dem Herrn gehört und auf den Weg der Nachfolge Christi gerufen ist. Durch ein dreimaliges „Widersagen“, das die Eltern und Paten im Namen des Kindes sprechen, löst es sich von Satan, seiner Bosheit und seinen Verlockungen. Dieses dreimalige „Nein“ zum Satan ist die Voraussetzung für das folgende dreimalige „Ja“ zum dreifaltigen Gott. Gott ist immer ein eifersüchtiger Gott, der kein Ja und Nein zugleich, kein „Jein“ oder „Nja“ dulden kann. Er verlangt von uns eine klare Alternative. Das dreimalige Ja wird abgegeben durch das dreimalige „Ich glaube“. Wir bezeichnen diese Formel in ihrer Gesamtheit mit Recht als „Taufgelübde“. Die intensivste Form des Glaubens ist das „Gelübde“.

Der Ritus für den Eintritt ins Kloster und die Aufnahme in eine Genossenschaft bei der Einkleidung und der zeitlichen oder gar ewigen Profeß ist nichts anderes als die radikale Ausprägung des Taufritus. Hier bekommt die Postulantin einen neuen Namen, den klösterlichen Namen, bei dem sie fortan unter Weglassung ihres Familiennamens gerufen wird und der die totale Christuszugehörigkeit aussagt. Die Ordensgelübde der Jungfräulichkeit, des Gehorsams und der Armut sind eine Konkretisierung der Taufgelübde.

Der Titel „Christliche Existenz“ besteht darum ganz zu Recht. Wir sollten uns alle einmal die Verwirklichung der christlichen Existenz in der klösterlichen als Spiegel vor Augen halten, um darin zu erkennen, wie weit wir noch Christen sind.

Aachen, im Dezember 1975

Josef Dreißen

Zur Biographie der Seligen

Franziska Schervier wurde am 3. Januar 1819 in Aachen geboren. Ihr Vater war Johann Heinrich Kaspar Josef Schervier, Besitzer einer Nadelfabrik und beigeordneter Bürgermeister der Stadt. Aus seiner ersten Ehe mit Maria Theresia Priem, die schon am 19. Mai 1808 starb, ging ein Kind hervor, Maria Elisabeth. Johann Heinrich Schervier war ein gläubiger Katholik, begnügte sich aber mit der Erfüllung der religiösen Übungen, die damals als Pflicht angesehen wurden, und spürte kein Verlangen, über die Pflicht hinauszugehen. Durch geschäftliche Beziehungen zu Jean Baptiste Migeon, der in Belfort im Elsaß große Besitzungen und bedeutende Eisenwerke zu eigen hatte und später in Aachen eine Stecknadelfabrik gründete, lernte er dessen Schwester, Marie Luise Victoire, kennen. Ihr Vater, Vivien Migeon, war Besitzer ausgedehnter Landgüter und einer Nadelfabrik zu Charleville. Er war ein sehr frommer Mann, der am Karfreitag zu Ehren des Leidens Christi bis Sonnenuntergang fastete. Seine Frau, Katharina Mernier, übertraf womöglich ihren Gatten noch an Gläubigkeit und Frömmigkeit. Während der Französischen Revolution beherbergte sie einen verfolgten Priester und verhalf ihm, als die Verfolger ihm auf die Spur kamen, durch ein verborgenes Pförtchen zur Flucht. Das Ehepaar stand auf der Liste der von Robespierre Proskribierten und wäre hingerichtet worden, wenn der Sturz des Tyrannen nur einige Tage später erfolgt wäre. Aus dieser Ehe gingen neun Kinder hervor. Der älteste war ein Junge und wurde Priester. Das jüngste war ein Mädchen und wurde die Mutter der seligen Franziska.

Die zweite Ehe, die Johann Heinrich Schervier am 13. März 1811 mit Marie Louise Migeon einging, segnete Gott mit sieben Kindern, drei Jungen und vier Mädchen. Der jüngere Bruder, Karl Gerhard, wurde Priester. Die Mutter blieb den Kindern nicht lange erhalten; sie starb am 22. Februar 1832. Franziska war gerade 13 Jahr alt geworden.

Der Taufname der Seligen ist mit einem geschichtlichen Ereignis verbunden. Im Jahre 1818 trafen sich die beiden Kaiser von Österreich und Rußland mit dem König von Preußen zu einem Kongreß in Aachen, dem sogenannten Monarchenkongreß. Kaiser Franz wünschte die Nadelfabrik des Herrn Schervier zu sehen. Bei dieser Gelegenheit trug die Mutter der Seligen dem Kaiser den Wunsch vor, die Patenschaft für das zu erwartende Kind zu übernehmen. Der Kaiser gewährte diesen Wunsch. So bekam das Kind bei seiner Taufe den Namen Franziska. Dieser Name war alles andere als „zufällig“. Er wurde zu einem Lebensprogramm. Es ging Franziska um die Verwirklichung ihres Namens. Dem Kind wurden schon früh sein sinniges Wesen, seine Frömmigkeit und Bescheidenheit, seine mütterliche Liebe und sein Blick für die Armen nachgerühmt. Diese religiös-sittlichen Qualitäten verdankt es, soweit sie erblich und pädagogisch bedingt sind, vorwiegend seiner französischen Mutter. Die Mütterlichkeit offenbarte Franziska noch als größeres Mädchen in ihrer Liebe zu den Puppen. Ihrem Namen machte sie schon als Kind Ehre durch die Freude an den Blumen, vor allem an den Stiefmütterchen, welche das Volk „Jelänger jelieber" nannte, die sie selber aber als Jesu-Äuglein" bezeichnete. Man hatte ihr nämlich die Verse beigebracht: „Ein Blick der Liebe süß und mild | aus meines Jesu Auge | ist's Blümlein, | was aus deinem Bild | ich in die Seele sauge."

Das Kind litt sehr unter der Sünde. Es neigte etwas zur Sinnlichkeit und hielt sich deswegen für das „schlechteste undböseste Kind auf der ganzen Erde". In ihm brannte das Verlangen nach einem rein beschaulichen Leben der Buße. Es wollte Trappistin werden, um für seine Sünden zu sühnen. Es verlangte aus demselben Grunde nach dem Martyrium. In kindlicher Unwissenheit setzte Franziska die freiwillige Hingabe ihres Lebens auf die Stufe mit dem Martyrium und trug sich mit dem Gedanken, sich ins Wasser zu stürzen. Hier wird schon ihre kaum noch zu überbietende Abneigung gegen die geringste Sünde offenbar. Sie empfing im achten oder neunten Lebensjahr erstmalig das Sakrament der Buße und beichtete nach damaliger Sitte alle sechs Wochen. Der Kanonikus Deboeur, ihr stellvertretender Pate, der seitdem ein Hausfreund der Familie geworden war, setzte sich dafür ein, daß

Franziska mit zehn Jahren — für die damalige Zeit ein ungewöhnlich frühes Alter — die erste heilige Kommunion empfing. Ein Jahr später wurde sie gefirmt. Beim Tod ihrer Mutter bat sie Maria, Mutters Stelle an ihr zu vertreten.

Bei Franziska zeigte sich schon früh eine rätselhafte Liebe zu den Armen, gerade auch zu den gefürchteten und verhaßten Armen, die ganz neue und starke Impulse empfing, als sie hörte, wie Jesus sich der Armen angenommen hatte. Es berührte das Kind sehr schmerzlich, daß es nach dem Willen des Vaters nur einmal monatlich zur heiligen Kommunion gehen durfte. Der Vater befürchtete — und diese Furcht teilte Kanonikus Deboeur —, die Kleine könnte zu fromm werden und dann ins Kloster gehen. Nach einigen Jahren erlaubte ihr der Vater auf ihr Drängen, daß sie täglich zur Kirche gehen und kommunizieren durfte. Mit zunehmender Christusverbundenheit wuchs auch ihre Liebe zu den Armen, die sich in drei Stufen entfaltete: Zuerst durch fast maßlose Freigebigkeit in der Spendung der Almosen, dann durch persönliche unermüdliche Dienstleistung, endlich die Hingabe ihrer Person und ihres ganzen Lebens an Gott zum Dienst der Armen und Kranken in der Genossenschaft der Armen-Schwestern vom heiligen Franziskus. Sie stellte bereits 1843 ein Gesuch um Aufnahme in die Genossenschaft der Schwestern vom heiligen Karl Borromäus, um im Josefinischen Institut zu Aachen den Kranken zu dienen. Das Gesuch erübrigte sich aber, als ihr der Vater selbst,

ohne daß sie ihn darum gebeten hatte, die Erlaubnis zum Besuch der Armen und Kranken gab. Sie trat darum dem Verein bei, der 1840 gegründet wurde und es sich zur Aufgabe setzte, Arme und Kranke in ihren Häusern zu besuchen und ihnen Unterstützung und Pflege zukommen zu lassen. Franziska wurde vom Verein die Pflege der Kranken in der Pfarre St. Paul zugewiesen, in welcher das elterliche Haus lag. Der Vater befürchtete, daß sie durch Besuche der Kranken Krankheiten in die eigene Familie hineintragen könne und machte dementsprechende Vorbehalte. Franziska aber setzte sich gegen ihren autoritären Vater durch und wußte sich nach dessen eigenen Worten zu „emanzipieren".
Aber Franziskas Blick ging über die leibliche Not hinaus auf die noch viel größere geistliche Not der Armen, die ihr in der Fabrik ihres Vaters begegnete. In der vom Vater für die Fabrikkinder errichtete Schule wurde auf ihr Drängen hin täglich eine Religionsstunde erteilt. Im Jahre 1841 richtete sie zusammen mit Kaplan Istas für die Armen die Johannisküche ein, die nach dem Lieblingsjünger des Herrn benannt wurde und sich zu einer Volksküche für die vielen armen Familien der Stadt entwickelte. Ihre Hingabe an die Armen brachte sie in Berührung mit dem Dritten Orden, dem sie 1844 zusammen mit ihren zwei Freundinnen, Katharina Daverkosen und Gertrud Frank, beitrat. 1845 verlor sie durch einen plötzlichen Tod ihren Vater. In der Nacht zum Pfingstmontag, dem 12. Mai 1845, hatte Gertrud Frank eine „Vision", in der ihr der

Herr ganz eindringlich sagte, daß Franziska dazu berufen sei, eine neue Genossenschaft zu gründen. Nachdem Franziska selbst durch innere Stimmen immer wieder neue Impulse zur Gründung einer neuen Genossenschaft empfing, willigte sie fast widerwillig gegen Ende des Juni 1845 dazu ein. 16 Jahre später schreibt sie in ihr Notizbüchlein: „1845–1861. Am heiligen Pfingstfest. Heute der 16. Erinnerungstag der Empfängnis der Genossenschaft. Fünf Monate ließ der Schöpfer-Geist sie im heiligsten Herzen Jesu ruhen. Dann übergab die bildende Hand des allmächtigen Vaters sie in fünf Mitgliedern dem heiligen Franziskus zum Preise seiner Wunden oder Male der Liebe. Bitte für deine armen Kinder, o heiliger Vater Franziskus". Die ersten fünf Mitglieder waren: Franziska Schervier, Gertrud Frank, Katharina Daverkosen, Johanna Bruchhaus und Katharina Lassen. Sie bezogen ein Haus vor Jakobstor, das Frau Therese Beißel auf drei Jahre für sie gemietet hatte, und führten dort ein klösterliches Leben. Im November des Gründungsjahres kam die erste Büßerin zu ihnen. Bald sammelte sie 30 Prostituierte in diesem Hause um sich. Am 21. November 1848 mußte sich Franziska von den Büßerinnen trennen, die den Schwestern vom Guten Hirten anvertraut wurden. Die drei Jahre Miete waren verstrichen, und Frau Beißel, die der Genossenschaft vom armen Kinde Jesus beigetreten war, konnte die Mietzeit nicht verlängern. Obwohl Franziska ganz ohne Mittel war, mietete sie das Haus für weitere drei Monate, zog aber schon vor Ablauf der drei Monate um in den „Prediger“, ein altes Dominikanerkloster. In diesem Jahre 1849 wuchs die kleine Schar um neun Mitglieder, zu denen auch die damals noch lebende einzige leibliche Schwester der Seligen, Pauline, gehörte, die bei ihrer Einkleidung als Schwester den Namen „Paula“ bekam. Die Schwestern übernahmen nun das Spital für Cholera- und Pockenkranke, 1850 kamen zwei Armenküchen dazu. Sie selber eröffnete in ihrem Haus eine Pflegestation für Unheilbare und Krebskranke. 1851 übernahmen sie die Beaufsichtigung weiblicher Gefangener im Arresthaus zu Aachen.

Unter dem Einfluß von Bischof Laurent entwarf Franziska die ersten Statuten für die Genossenschaft, die nach längerem Kampf von Kardinal von Geissel am 12. Juli 1851 bestätigt wurden. Angefochten wurden vor allem vom Bischof Laurent, Domkapitular Trost und dem Kardinal die Bestimmungen völliger Armut, die es auch der Genossenschaft untersagten, Vermögen zinslich anzulegen, um davon zu leben. Allen Widerständen zum Trotz wußte sich Franziska zu behaupten. Am 12. August 1851, am Fest der heiligen Klara, wurde Franziska mit 23 Gefährtinnen in der St. Paulskirche eingekleidet. Am 16. September 1853 erhielt die junge Kongregation die staatliche Anerkennung und am 8. September 1865 die kirchliche Bestätigung durch Rom. Die ersten Konstitutionen wurden erweitert und in lateinischer Übersetzung mit mehreren Abänderungen am 17. April 1870 nach Rom geschickt. Die Selige legte am 25. August 1852 mit 23 anderen Schwestern vor dem Klosterkommissar Dechant Dilschneider die ewigen Gelübde ab. Es war die erste Profession der jungen Genossenschaft. Diese breitete sich sehr rasch aus. Bis zum Jahre 1863 entstanden in Deutschland bereits 27 Filialen. 1859 wurde in Amerika (Cincinnati, Ohio) das Provinzialhaus als Noviziat der amerikanischen Provinz gegründet, wo bis 1866 neun Neugründungen zu verzeichnen waren. Mutter Franziska nahm 1 087 Schwestern in die Kongregation auf, davon 816 in Deutschland und 271 in Amerika. Die Anzahl der Klöster und Schwestern sprechen für die kaum abzuschätzende Arbeit der Seligen. Sie erkrankte am Fest des heiligen Apostels Andreas, dem 30. November 1876. Es stellte sich heraus, daß ein eingeklemmter Bruch die Ursache ihrer Leiden war. Der langjährige Hausarzt, ihr Vetter Dr. Schervier, versuchte unter Zuziehung eines anderen Arztes dem Übel abzuhelfen. Beide Ärzte kamen aber zu dem Resultat, daß hier nur noch eine Operation helfen könnte. Die Operation gelang, doch behob sie in keiner Weise die Gefahr für das Leben der Seligen. Die Kranke verlangte nach der heiligen Ölung und der Generalabsolution. In der Nacht nach dem Fest der Unbefleckten Empfängnis ließ sie den Pater Bonaventura kommen, um zu beichten, und sagte: „Ich muß sterben, meine Auflösung naht.“ Sie ging gegen 4 Uhr morgens am 14. Dezember 1876 heim zum Vater. Ihr ganzes

Leben war ein ununterbrochener Heimgang und eine einzige große Tat der Nächstenliebe.
Franziska Schervier wurde am 28. April 1974 seliggesprochen. Der hundertste Todestag der Seligen ist ein Anlaß, die Spiritualität dieser großen Frau schwerpunktmäßig zu skizzieren, die ihr Wirken und ihr Werk, die Gründung der Genossenschaft der Armen-Schwestern vom heiligen Franziskus, bestimmte[1]. Ihre Spiritualität ist ein ausgesprochen christozentrische, näherhin eine staurozentrische. Schon als Kind empfindet sie eine tiefe Liebe zu Jesus Christus.
Sie spricht sich aus in ihrer *Christusfrömmigkeit* und *Christusförmigkeit*.

Ihre Christusfrömmigkeit

I. Ihre Liebe zum menschgewordenen Gottessohn

Ihre Christusfrömmigkeit wurzelt tief in ihrer Christusliebe. „Wenn ich", so schreibt sie in ihrem Notizbuch, „zur Zeit der Betrachtung den göttlichen Heiland frage, was er von mir verlangt, dann meine ich stets zu vernehmen: Liebe, Liebe."

Diese Worte wiegen um so mehr, als es die *letzte* Aufzeichnung in ihrem Notizbuch ist und insofern als das geistliche Testament ihres Lebens bezeichnet werden kann[2].

Schwester Christiana Humpf trifft mit dem Titel ihres Büchleins „Strom der Liebe" genau die geistliche Mitte dieser großen Frau. Dabei müssen wir bedenken, daß diese Liebe letztlich identisch ist mit dem Heiligen Geist als der personalen Liebe zwischen Vater und Sohn. Schrift und Liturgie verwenden immer dynamische Elemente als Symbole des Geistes: Wasser, Wind, Feuer. Wir sind wiedergeboren aus „Wasser und Geist". „Die Liebe Gottes ist in unsere Herzen *ausgegossen* durch den Heiligen Geist" (Röm 5, 5). Das strömende, fließende Wasser der Flüsse birgt ungeahnte Kräfte in sich. Der Geist kommt am Pfingstfest in „Sturm und Feuer" auf die Apostel herab. Die Selige ist wirklich „erfüllt", ausgefüllt mit der Kraft des

Geistes. Nun besitzt allein der Herr die ungebrochene Fülle des Geistes, an der wir Menschen nur einen analogen, subjektiven Anteil haben. Aber in ihrer Spiritualität (spiritus = Geist) ist die Selige mit dem Herrn aufs tiefste verbunden. Was sie an der Gestalt des historischen Jesus fasziniert und ihre Liebe wachruft, ist dessen Liebe zur Welt, zu den Menschen, den Armen, den Kranken, den Sündern, den Ausgestoßenen. Höhepunkt dieser Liebe sind Krippe, Kreuz, Altar. Hier wird eine Liebe offenbar, die alle Begriffe von menschlicher Liebe sprengt. In dieser Liebe offenbart sich nicht zuletzt die Gottheit Jesu. Nur der Genius einer göttlichen Liebe konnte solche Höhen erreichen. Sie hat begriffen, daß in Jesus Christus die Liebe Gottes erschienen ist. Alle Formen, Weiten und Tiefen der Liebe Gottes werden in ihm konkret. Wenn ihr Leben als „eine einzige große Tat der Nächstenliebe" charakterisiert wird, ist ihr ganzes Leben nichts anderes als ihre Gegenliebe auf die Liebe Gottes. Gott ist der vielnamige, aber auch der namenlose. Unter allen Namen, die uns in der Offenbarung des Alten und Neuen Testamentes über Gott mitgeteilt werden, bevorzugt sie das Wort des Evangelisten Johannes: „Gott ist die Liebe" (1 Joh 4, 16). Damit entscheidet sie sich für ein dynamisches Gottesbild, das ununterbrochen dem Menschen und der Welt zugewandt ist. Dieses dynamische Gottesbild bestimmt auch die Dynamik ihres Lebens. Franziska ist eine Heilige, weil sie ganz von der Liebe zum Herrn erfüllt und ergriffen ist. Sie liebt Christus in allen, in allem und über alles. Dabei ist sie sich sehr wohl der Unzulänglichkeit ihrer Liebe bewußt. Sie gesteht diese Unvollkommenheit vielleicht am stärksten in ihrem vierten Rundschreiben, das sie anläßlich des Pfingstfestes an ihre Schwestern richtet. Sie spricht von der Sendung des Herrn, der gekommen ist, „zu suchen, was verloren war, auf den rechten Weg zu führen, was in die Irre ging". Sie weist dann darauf hin, wie der Herr diese Sendung erfüllt hat an einem Zachäus, an einer Maria Magdalena, an einem Petrus. Dann bittet sie den Herrn: „Wirf auch auf uns einen dieser gnadenreichen allvermögenden Blicke ... und unsere kalten, verhärteten Herzen werden erweicht sein ... Wolle durch diesen göttlichen Blick vom Thron deines Vaters, wo du weilst, den Heiligen Geist, deinen Geist des Feuers, des Lichtes und der Liebe senden! Sieh, wir wollen ja alles, was dir mißfällt, lassen; dagegen alles tun, was du verlangst, nur laß deinen Geist uns es helfen vollbringen." Sie rechnet sich und ihre Schwestern zu den Verlorenen, denen der Herr in seiner Güte nachgeht. Es gibt in der Kirche Gottes keinen Weizen und kein Unkraut in Reinkultur. Wir alle sind eine Mischung von Unkraut und Weizen, wobei bei einem der Weizen, beim anderen das Unkraut überwiegt. „Erst wenn man einsieht, daß kein Mensch völlig schwarz ist wie ein Teufel und kein Mensch völlig weiß wie ein Engel, sondern alle gestreift sind wie Zebras oder grau wie Esel, hat man die Möglichkeit, die Mitmenschen wirklich zu verstehen" (Josef Künkel).

Ihre Liebe zum Herrn spiegelt sich in einem Traum wider, den sie schon vor dem Empfang der ersten heiligen Kommunion hatte und der sie ihr ganzes Leben begleitete. Sie fühlte sich im Traum von Jesus Christus an sein Herz gezogen. Dieser Traum war für sie alles andere als ein „Schaum", er war Ausdruck ihres unterbewußten Innen und ihrer unbewußten Christusbezogenheit; vielleicht war er auch wie die Träume der Bibel eine Offenbarung Gottes. Jedenfalls hatte er für ihr Leben eine entscheidende Bedeutung. Sie hat ihn im reiferen Alter in Gedichtform festgehalten[3].

Die Liebe ist immer attraktiv. Welche Mutter zieht nicht ihr Kind an sich! Welcher Bräutigam drückt nicht seine Braut an sein Herz! In der Schrift ist häufig die Rede von der attraktiven Liebe Gottes. Gott zieht die Menschen mit „Stricken der Liebe" an sich (Osee 11, 4). Jahwe liebt sein Volk mit ewiger Liebe und zieht es aus lauter Güte an sich (vgl. Jer 31, 3). Je intensiver und intimer die Liebe ist, desto anziehender wirkt sie. Die Liebe des Vaters leuchtet am stärksten in der Hingabe seines Sohnes auf. Der Herr darf von sich bekennen: „Niemand kann zu mir kommen, wenn der Vater, der mich gesandt hat, ihn nicht zieht" (Joh 6, 44). (Joh 6, 44). Die Liebe des Vaters zieht die Menschen zu seinem Sohn hin. Dieser Zug ist kein Zwang, denn dieser Liebe kann sich jeder entziehen. Weil die Liebe des Herrn in seinem Kreuzestod ihren höchsten Gipfel erreicht, kann der Herr mit dem Hinblick auf seinen Tod sagen: „Ich aber werde, wenn ich von der Erde erhöht bin, alle an mich ziehen“ (Joh 12, 32). Franziska läßt sich von dieser Liebe ziehen. In der Kapelle der Kreuzschwestern von Lüttich „hört“ sie, wie der Herr ihr die Frage vorlegt: „Liebst du mich? Liebst du mich mehr als die anderen?“ Sie darf mit Petrus darauf antworten: „Herr, du weißt alles, du weißt auch, daß ich dich liebe“[4]. Dieses visionäre Gespräch mit dem Herrn nahm ihr die letzten Zweifel. Auf den mehrfachen Anruf Gottes hin gründete sie die neue Genossenschaft. Es ist nicht von ungefähr, daß im Pontifikalamt anläßlich der Seligsprechung Joh 21, 1–19 als Evangelium verlesen wurde, weil dieser Text die dreimalige Frage nach der Liebe eines Petrus enthält.

II. Ihre Liebe zum gekreuzigten Jesus

Franziska weiß, daß Jesus Christus nicht denkbar ist ohne das Kreuz. Was Jesus ans Kreuz heftet und am Kreuz festhält, sind nicht die Nägel, von denen er sich jeder Zeit hätte lösen können, sondern seine Liebe zum Vater und zu uns Menschen, die unlösbar mit dem Kreuz verbunden ist, weil er dadurch die Welt mit dem Vater versöhnt und den Sinn seines Lebens erfüllt. Die Selige faßt den Begriff „Kreuz" im weitesten Sinne des Wortes. Jesus wird mit dem Kreuz der Armut, der Ausgestoßenheit auf den Schultern geboren, trägt ein Leben lang das Kreuz der Einsamkeit, der Verkennung, der Verleumdung, der Verfolgung, des Hasses und stirbt am Holz des Kreuzes als politischer Verbrecher zwischen zwei anderen Übeltätern. Die weitaus meisten Darstellungen zeigen darum den Herrn am Kreuz. Die Liebe der Seligen ist näherhin eine Liebe zum gekreuzigten Jesus. „Meine Liebe ist gekreuzigt, meine gekreuzigte Liebe wird nicht geliebt"[5].

Sie hat sich schon in ihrer Jugend für den Gekreuzigten entschieden. Es versteht sich von selbst, daß sie als reiche, angesehene und gebildete Fabrikantentochter hätte heiraten können. Es stand aber bei ihr unumstößlich fest, daß sie allein dem Gekreuzigten gehören wollte. Sie schüttelte alle Freier von sich ab. Als einer ihrer Freier sehr eindringlich um ihre Hand anhielt, antwortete Franziska: „Nein, meine Hand ist für ewig vergeben." Nachdem dieser Herr sie verlassen hatte und sein Vorhaben fallenlassen mußte, warf sie sich vor dem Kruzifix nieder und betete: „Dir, o Herr, Dir, dem Gekreuzigten allein gehöre ich an"[6].

Ihre Kreuzesliebe war ausgesprochen franziskanisch. Die Zeugen betonen immer wieder übereinstimmend ihre besondere Verehrung zum Leiden Christi. Sie gestaltet das Fest der Kreuzerhöhung durch eine eigene Prozession, die, das Kreuz an der Spitze, sich von der Kirche aus durch den Garten und die Gebäulichkeiten bewegte und mit dem sakramentalen Segen schloß[7].

Sie selbst war von zarter Konstitution, hatte mit Nervenfieber zu tun, trug ein Hüft- und ein Asthmaleiden. Sie hat das Leid nicht gemieden, sondern es in einem übermäßigen Fasten geradezu gesucht. Nach ihrem Tode fand man in ihrem Pult einen handgeschriebenen Gebetszettel. Hier heißt es u. a.: „Erinnert euch, daß die Zeit der Arbeit und der Leiden kurz ist... Schaut zum Himmel auf, der euch einlädt, das Kreuz zu nehmen und Jesus Christus zu folgen, der euch vorangeht. Denn durch große Kreuze und Trübsale müssen wir eingehen in sein Reich. Liebet ihn von ganzem Herzen, diesen über alles liebenswürdigen Gott, und seinen Sohn, der für uns arme Sünder gekreuzigt worden... Betrachtet beständig die Geheimnisse des Leidens Christi und die Schmerzen seiner Mutter unter dem Kreuz"[8].

Der Weg der Nachfolge Christi ist für sie mit einer besonderen Akzentuierung der Kreuzweg. Sie gesteht einer Mitschwester: „Das kann ich dir im Vertrauen sagen ... Gott fordert von mir ein Opfer nach dem anderen und gibt mir alle Tage bittere Pillen zu schlucken. Dafür küsse ich ihm aber demütigst dankend die Hand. Also, wir wollen miteinander dem göttlichen Heiland folgen und hier viel leiden, tragen und lieben lernen, daß wir ihm recht nahe kommen dort oben"[9]. Es wundert uns nicht, wenn sie in die Satzungen ihrer Kongregation folgenden Passus aufnimmt: „Muß ein jeder Christ sich schämen, unter einem dornengekrönten Haupt ein weichliches Glied zu sein, so muß um so mehr eine Braut Christi sich bestreben, ihrem gekreuzigten Heiland zu gleichen, und an ihrem Fleisch erfüllen, was in seinem Leiden noch mangelt. Am meisten geziemt dies einer Tochter des heiligen Franziskus, der die Wunden des Herrn an seinem Leib empfing und trug und sein Leben in Liebes*brand* für den Herrn verzehrte"[10].

Franziska will keine verweichlichten Nonnen, sondern abgehärtete Schwestern. Darum hörte sie es nicht gern, wenn eine Schwester über ihre Leiden klagte. Sie müssen alle bereit sein zum Martyrium. Ein geflügeltes Wort von ihr lautete: „Nicht klagen, sondern ruhig tragen"[11].

Es ist nicht von ungefähr, wenn sie selbst für das Skapulier eine Komposition der Leidenswerkzeuge unseres Herrn entwarf: Kreuz, Rute, Lanze, Dornenkrone, Geißel, Stab als Zeichen des Szepters, Nägel, alles in roter Farbe — und erstmalig diese Symbole bei ihrer Einkleidung in St. Paul trug. Diese Symbole sind alles andere als ein Ornament; sie versinnbilden die spezifische Christusfrömmigkeit der Seligen. Heute wird den Schwestern erst bei der ewigen Profeß das „rote Kreuz“ auf das Skapulier aufgenäht. Das leuchtende Rot ist ein Zeichen der Liebe. Anläßlich der Profeß sagte sie zu den Schwestern: „Durch die Ablegung der Gelübde sollen wir dem Gekreuzigten ähnlich werden; wir sind dadurch ans Kreuz geschlagen“[12].

In der gekreuzigten Liebe wird die Liebe Jesu zum Vater und zu den Menschen offenbar. Seine leidende Liebe und sein liebendes Leiden haben erlösende Qualität. Damit stoßen wir zum letzten Geheimnis des Lebens der seligen Franziska vor. Sie erkennt den Sinn ihres Lebens im Licht des Lebens Jesu. Sie erkennt in seiner Sendung und in seiner Aufgabe auch die ihrige. Ihr Leben wird in dem Maße sinnvoll, als es den Sinn des Lebens Jesu aufgreift. Grundsätzlich müssen wir sagen, daß Sein und Sinn des menschlichen Lebens ausschließlich vom Sein und Sinn des Lebens Jesu abgelesen werden müssen. Das Anliegen Jesu ist die Versöhnung, die Versühnung, der Friede, die „Einheit“ des Menschen und der Welt mit Gott und die dadurch bewirkte Verherrlichung seines Vaters. Genau diesen Sinn gibt die Selige ihrem Leben und ihrem Lebenswerk, der Genossenschaft.

Die „Akten Sr. Heiligkeit Papst Pauls VI.“ sprechen von der Kreuzesliebe der Seligen, wie sie sich in ihrem Todesleiden offenbarte. „Excelluit demum miroque cunctis exemplo fuit, cum extremi morbi cruciatus fortis tulit, Christo libenter compatiens, qui pro aeterna humani generis salute mortem obiit.“ „Nicht zuletzt gab sie auch allen ein wunderbares Beispiel, als sie die Qualen der letzten Krankheit tapfer auf sich nahm und gerne mit dem Herrn litt, der sein Leben im Tod dahingab für das ewige Heil des Menschengeschlechtes.“ Sie vereinigt alles Leid mit dem des Herrn, erkennt darin die Heilschance für die ihr Anvertrauten und versucht, diese Chance auszuschöpfen.

III. Ihre Liebe zu Christus in der Gestalt des Brotes

Ihre Liebe zu Jesus steigert sich noch womöglich in der Liebe zu Christus, dem auferstandenen Herrn, insofern in Christus die Gestalt Jesu erst in ihrem vollen Licht aufleuchtet. Sie begegnet dem auferstandenen Herrn in der Gestalt des eucharistischen Brotes. Wird doch in der heiligen Messe sein Tod verkündigt und seine Auferstehung gepriesen. Die Liebe zum Herrn drängt sie nach der Communio, nach der Vereinigung mit ihm.

Nach damaliger Sitte ging man jährlich zwei- bis dreimal zur heiligen Kommunion, Ostern, Allerheiligen, Weihnachten. Das waren ausgesprochene Festtage, zu denen die Herrn ihren Gehrock anzogen und ihren Zylinder aufsetzten. Der Vater Schervier, den eine tiefe Ehrfurcht vor dem Allerheiligsten Sakrament erfüllte, schloß sich dieser Sitte an und gestattete seiner Tochter Franziska nur die monatliche Kommunion. Sie verlangte aber schon als Kind nach einer häufigeren Kommunion und besprach sich darüber mit ihrem Beichtvater, der die häuslichen Verhältnisse genau kannte. Er riet ihr, sich dem Willen des Vaters zu fügen. Sie schreibt: „Ich machte den festen Vorsatz, mich auch in dieser Sache wie in allem, dem göttlichen Willen ganz hinzugeben, und von da an gab ich mir viele Mühe, diesen Entschluß auszuführen; das erwähnte

Verlangen, nämlich möglichst oft zum Tisch des Herrn zu gehen, wurde keineswegs geschwächt, aber es wurde ruhiger und besonnener. Die Übung der Gleichförmigkeit mit dem Willen Gottes hat meiner Seele großen Nutzen gebracht; ich befand mich fortwährend in bester Stimmung, war heiter und wohlgemut und bestrebte mich, in Gottes Gegenwart zu wandeln“[13]. Das Verbot ihres Vaters scheint sie aber doch in große Gewissenskonflikte gebracht zu haben, zumal sie im Willen des Vaters den Willen Gottes zu erkennen glaubte. So hoch auch immer der Gehorsam bei ihr im Kurs stand, hier siegte die Liebe über den Gehorsam, weil ihr angesichts dieses Verbotes erstmalig Zweifel auftauchten an der Gleichförmigkeit des väterlichen Willens mit dem Willen Gottes. „Einige Male hat sie ihrem Vater nicht gehorcht. Das war nämlich, wenn er ihr verbot, in die Kirche zu gehen“[14]. Sie erkennt die Grenzen des Gehorsams. Dieselbe Zeugin berichtet: „Schon als Kind hatte sie öfter die heiligen Kommunion empfangen, auch auf die Gefahr hin, daß ihr Vater ihr deshalb böse war. Später hat er keine Einwendungen mehr dagegen gemacht“[15]. Bei aller Hochschätzung des Gehorsams folgte sie ihrem Gewissen. „Ihre Liebe zum Herrn ließ sie als einzige Schwester selbst am Karsamstag die heilige Kommunion empfangen“[16].

Ihre eucharistische Liebe fußte auf dem lebendigen Glauben an die Gegenwart Christi im Sakrament. Sie hatte die Erlaubnis erwirkt, „daß in der Kapelle häufig Segensandachten mit Aussetzung des Allerheiligsten stattfinden durften"[17]. „Im Verlauf der Jahre verdoppelte sie ihre Anbetungsstunden"[18].

Kam sie nach einer langen Fahrt ermüdet ins Mutterhaus zurück, war ihr erster Gang in die Kapelle zur Anbetung des Allerheiligsten. Sie setzte sich sehr für die „Ewige Anbetung" ein. „Wenn irgendwo in Aachen Ewiges Gebet war, hielten wir die Anbetungsstunden mit den verschiedenen Kirchen; denn die Mutter sagte, man könne das Allerheiligste auch aus der Ferne anbeten"[19]. Bis auf den heutigen Tag hat das Mutterhaus die nachmittäglichen Anbetungsstunden vor ausgesetztem Allerheiligsten als Erbe der Mutter übernommen.

Es wäre aber völlig falsch, der Seligen eine einseitige Tabernakelfrömmigkeit vorwerfen zu wollen. Man spricht heute von einer vertikalen und horizontalen Spiritualität, wobei die vertikale das Verhältnis zu Gott und die horizontale das Verhältnis zur Welt, besonders zum Menschen meint. Diese Diktion ist zum wenigsten mißverständlich. Es gibt kein Nebeneinander oder gar ein Gegeneinander von vertikaler und horizontaler Spiritualität, die möglicherweise graphisch als ein quadratisches Kreuz dargestellt werden könnte, sondern nur ein Ineinander beider Dimensionen. Gottes- und Nächstenliebe sind schließlich nur ein Gebot. Das hat wohl kaum eine Frau so klar erkannt und so deutlich ausgesprochen wie die selige Franziska. „An einem hohen Festtag rief die Mutter einmal eine Schwester vom Gebet weg, und gab ihr den Auftrag, einer kranken Schwester etwas zu trinken zu bringen ... Sie sagte dabei: ‚Es ist dasselbe, ob du vor dem Tabernakel kniest, oder ob du der Kranken etwas bringst, nur mußt du das eine wie das andere aus Liebe zu Gott tun' "[20].

Zu einer Schwester Onufria, die vor dem Allerheiligsten kniete und betete, sagte sie: „Es tut mir leid, daß ich dich in dieser Anbetung stören muß, doch du wirst Glauben genug haben, um in der kranken Schwester den Herrn selbst zu sehen"[21]. Schwester Onufria unterbrach die Anbetung und begab sich zur kranken Schwester. Die Selige war von dem Glauben erfüllt und beseelt, daß man in den Kranken dem Herrn begegnet. Diesen Glauben übertrug sie auf die Begegnung mit dem Nächsten. Eine Schwester bekennt: „Wenn man mich fragt: ‚Was hielt die Mutter von der Liebe zum Nächsten?', kann ich nur sagen: ‚Sie hat uns immer wieder angehalten, in den Armen Christus zu sehen' "[22]. Ihre Liebe zu den Armen, ihr Einsatz für die Kranken, für die verwundeten Soldaten in den Lazaretten, werden nicht selten als „soziales Engagement" bezeichnet. Diese Bezeichnung trifft in keiner Weise ihr Verhalten. Was eine Franziska zu den Armen und Kranken hintreibt, ist nichts anderes als ihr in der Liebe tätiger Glaube. Weil sie zutiefst überzeugt ist von der Präsenz des Herrn in den „Armen" jeglicher Schattierungen, kennt ihre Liebe keine Grenzen. Alle Nächstenliebe ist Christusliebe. Klopfte ein Armer an die Tür, und die Schwester öffnete nicht sogleich, wurde ihr entgegengehalten: „Mutter Franziska hat immer gesagt: Laß den

Herrn nicht an der Tür warten“[23]. Sie hat wohl wie kaum eine vor ihr und nach ihr das Wort des Herrn ernst genommen: „Was ihr einem dieser meiner geringsten Brüder getan habt, das habt ihr mir getan“ (Mt 25, 40). Ihr Verhältnis zum Nächsten war verwurzelt in ihrem Verhältnis zu Christus. Darum duldete sie es auch nicht, daß die Christusliebe von der Nächstenliebe gelöst wurde. Die Priorität hatte immer der Glaube an den Herrn im Sakrament, der sie beten und anbeten hieß. Eine Schwester berichtet, wie sie im Krieg 1870/71 die Verwundeten im Malteser-Hospital zu Aachen pflegte. „Manchmal kam auch Franziska und machte sich gleich an die Arbeit. Als sie einmal dieser Schwester begegnete und feststellte, daß diese die Vesper noch nicht gebetet hatte, bot sich die Mutter an, ihr die Arbeit abzunehmen, und schickte die Schwester in die Kapelle, um in aller Ruhe die rückständigen Gebete zu verrichten“[24].

Sie konnte die Zusammenhänge zwischen Christus im Sakrament und Christus in den Kranken so eng sehen, daß Gebet und Dienst an den Kranken identisch waren. Eine Zeugin erklärt, daß sie im Jahre 1866 im Marienhospital in der Verwundetenpflege tätig war. „Eines Tages sprach ich mich bei der Mutter aus, daß ich vor lauter Arbeit nicht zum Beten käme. Die Mutter antwortete mir: ‚Mein Kind, beunruhige dich nicht. Sage vielmehr vom Morgen bis zum Abend: Mein Heiland, alles aus Liebe zu dir. Jeden Kranken aber behandle so, als wenn es der Herr selber wäre. Dann wird deine

Arbeit ein fortgesetztes Gebet sein' "[25]. Ihr Dienst an den Armen war nichts anderes als vollzogenes Sakrament und gelebter Glaube. Ohne diesen Christusglauben hing ihr ganzes Werk in der Luft. Ihr karitativer Einsatz hat mit einem bloßen und blassen sozialistischen Humanismus nicht das geringste zu tun. Weil uns in Jesus Christus die „Güte und Menschenfreundlichkeit" (benignitas et humanitas) Gottes erschienen sind, darum leuchtet auch in ihr als einer besonders begnadeten Jüngerin Christi etwas von der Humanität Gottes auf.

Hier muß aber noch auf einen anderen Grund für ihre Liebe zur Eucharistie hingewiesen werden. In der Eucharistie wird das „opus redemptionis", das Werk der Erlösung, gefeiert (Liturgiekonstitution, Nr. 2). In der heiligen Messe nur die „Fortdauer" — diese Bezeichnung bringen die neuesten kirchlichen Dokumente, Liturgiekonstitution, Nr. 47 und die „Instruktion über die Feier und Verehrung des Geheimnisses der Eucharistie", Nr. 3, a, c — des Todes und der Auferstehung unseres Herrn zu sehen, wäre eine Verengung. Das ganze Leben Jesu, angefangen von seiner Inkarnation bis hin zu Tod und Auferstehung, muß als sein „opus redemptionis" betrachtet werden. Das Leben der Seligen intendiert nichts anderes als eine Teilnahme an diesem Erlösungswerk und dessen Teilgabe. Ihr ganzes Leben wird durch die Feier der Eucharistie zu einem „opus redemptionis".

Wir können das Leben Jesu als eine soteriologische Proexistenz bezeichnen. Unsere Erlösung nimmt ihren Anfang mit seiner Menschwerdung. Sie steht unter dem Aspekt des „Für-uns". „Für uns Menschen und zu unserem Heil ist er vom Himmel gekommen." Dieses inkarnatorische „Für-uns-Menschen" verdichtet sich in seinem Leiden — er hat für uns gelitten — und gipfelt in seinem Sterben. Die heilige Messe ist nichts anderes als die Fortdauer der soteriologischen Proexistenz Jesu Christi. Darum begegnet uns dieses „Für" auch auf dem Höhepunkt der Eucharistiefeier, nämlich in der heiligen Wandlung. „Nehmet und esset alle davon: Das ist mein Leib, der *für* euch hingegeben wird." — „Nehmet und trinket alle daraus, das ist der Kelch des neuen und ewigen Bundes, der *für* euch und *für* alle vergossen wird zur Vergebung der Sünden." Die Existenz einer Franziska Schervier ist eine Proexistenz für das Heil der ihr anvertrauten Menschen. Ihre Existenz, ihr Lebenswerk, deckt sich mit der Eucharistie, dem Erlösungswerk unseres Herrn. Vom „opus redemptionis", vom „Erlösungswerk" empfängt ihr „opus vitae", ihr „Lebenswerk" immer wieder seinen göttlichen Sinn.

IV. Ihre Liebe zu Christus in der Gestalt des Wortes

Das Dekret „Perfectae Caritatis“ mahnt alle Religiosen: „Mit Vorzug sollten sie täglich die Heilige Schrift zur Hand nehmen . . . So werden sie gespeist am Tisch des göttlichen Wortes“ (Art. 6). Eine Franziska Schervier kannte weder „Perfectae Caritatis“ noch die Konstitution des Zweiten Vatikanums über die heilige Liturgie, die uns lehrt: „Gegenwärtig ist der (nämlich der Herr) in seinem Wort, da er selbst spricht, wenn die heiligen Schriften in der Kirche gelesen werden“ (Art. 7). Aber es ist erstaunlich, wie sie ihre Spiritualität aus der Quelle des Wortes Gottes schöpft. Den Umgang mit dem Wort Gottes bezeugen ihre Notizbücher und ihre Rundschreiben. Sie hat die Liebe zum Wort Gottes vom heiligen Franziskus übernommen. Sie bringt mit dem Hinweis auf die Worte Gottes in der Regel des heiligen Franziskus einen sehr gewagten Vergleich. „Wie dieses Brot (nämlich das bei der Opferbereitung bereitete Brot) durch die Worte der Konsekration in den wahren Leib Jesu verwandelt werden, wahres Opfer, wahre Hostie, hingeopfert auf dem Altar des Kreuzes, ebenso müßten diejenigen, die sich zu dieser Regel bekennen, gleichsam in Hostien verwandelt werden, sich dem Herrn opfernd“[26]. Sie schrieb dem Wort Gottes eine konsekratorische Kraft zu. Sie glaubt also an die wirksame Kraft des Wortes Gottes (vgl. Hebr 4, 12), die bei der Spendung der Sakramente ihre höchste Aktualität erreicht. Sie hält es mit dem Propheten Jesaia: „Denn so wie Regen und Schnee niederfallen vom Himmel und nicht zurückkehren dahin, bis sie die Erde getränkt und befruchtet und zum Sprossen gebracht, um Samen zu geben dem Säenden und Brot dem, der ißt: So ist's auch mit meinem Wort, das aus meinem Munde hervorgeht: Es kehrt nicht erfolglos zu mir zurück, bis es vollbracht, was ich wollte, und erfüllt, wozu ich es sandte" (Jes 55, 10 f).

Das Wort Gottes verwendet sie vor allem in ihren Rundbriefen, von denen noch einundzwanzig erhalten sind. Die Briefe sind mit Schriftworten durchsetzt, die sie auf ihre Weise interpretiert. Sie versteht die Schrift als persönlichen Anspruch Gottes an sie und ihre Schwestern. Im 18. Rundschreiben, das sie aus Anlaß der feierlichen Weihe der Genossenschaft an das Herz Jesu verfaßte, zitierte sie das Wort aus dem Galaterbrief: „Sofern ich noch im Fleische lebe, lebe ich im Glauben an den Sohn Gottes, der mich geliebt und sich für mich hingeopfert" (Gal 2, 20). Dieses Wort trifft sie bis ins Innerste, und sie kommentiert: „Was hier der Apostel sagt, kann eine jede von uns sich selbst sagen: ‚Er hat mich geliebt und sich selbst für mich dargegeben — ganz — ja, ohne Vorbehalt sich für mich dargegeben.' " Hieraus ergibt sich für jede Schwester die selbstverständliche Konsequenz, daß sie mit einer entsprechenden Gegenliebe antwortet und sich dem Herrn darbringt in der Weihe an das Herz Jesu. In dieser Weihe kulminiert ihre Christusverehrung, weil das Herz Jesu die personale Mitte des Gottmenschen meint. Das Herz des Menschen kommt erst zur Ruhe am Herzen des Gottmenschen Jesus Christus. Sie verfaßt ein entsprechendes Gebet als Antwort auf das Wort Gottes im Galaterbrief und ordnet an, daß dieses Gebet am Festtag der Weihe von jeder Schwester gesprochen wird. Bei diesem Gebet appelliert sie an die „Vermittlung der Allerseligsten Jungfrau — deiner und unserer Mutter". Sie wendet sich an die Fürbitte Mariens, weil die Weihe in der Oktav des Festes der Unbefleckten Empfängnis vollzogen werden soll. Zudem muß aber betont werden, daß sich die Selige bereits von ihrer Kindheit an Maria als ihre Mutter erwählte, nachdem sie selbst ihre leibliche Mutter schon mit 13 Jahren durch den Tod verlor. Ihre Verehrung der Mutter Gottes ergab sich aus ihrer Christusliebe. Sie sah Maria primär unter dem Aspekt ihrer Mutterschaft. Weil Maria Mutter Christi ist, ist sie in analoger Weise auch Mutter aller Christen, ja „Mutter der Menschen" (Dogmatische Konstitution über die Kirche, Kap. 8, 54). Als Franziska an einem schweren Asthmaleiden erkrankte, entschloß sie sich zu einer Wallfahrt nach Lourdes. „Sie war so schwach, daß man sie in Lourdes auf einer Bahre ins Hotel bringen mußte. Ihr Leiden war so schwer, daß man die Seufzer der schwerkranken Mutter im Garten hörte. Der Pfarrer vor Lourdes fragte sie, warum sie geheilt werden wollte. Sie antwortete: ‚Ich habe die Leitung einer großen Kongregation.' Darauf der Pfarrer: ‚Nun ja, das ist ein Grund' "[27]. Ihre Heilung vollzog sich innerhalb der Oktav von der Unbefleckten Empfängnis, die sie darum ganz besonders verehrte. Sie ordnete aus Dankbarkeit für ihre wunderbare Heilung an, daß innerhalb der Kongregation beim Morgengebet und bei der Vesper das Gebet gesprochen werden sollte: „Heilige Maria, sei du heute meine und der ganzen Genossenschaft Mutter"[28].

Franziska stand einer von Christus und seiner Kirche isolierten, nur auf die Person Mariens beschränkten Marienverehrung skeptisch gegenüber und nahm damit schon in etwa vorweg, was Paul VI. in seinem Apostolischen Mahnschreiben „Marialis Cultus" fordert, daß die Marienverehrung „ganz hineingenommen wird in die Zielsetzung des einen Kultus, den man mit Recht den christlichen nennt". Der Marienkult ist nur eine andere Form des kirchlichen Christuskultes.

Ihre Christusförmigkeit

Aus ihrer Christusfrömmigkeit ergibt sich ihre Christusförmigkeit. Ihre Konformität mit Christus erstreckt sich auf alle Dimensionen seiner Existenz, soweit sie überhaupt einem Menschen möglich ist. Die Existenz Jesu Christi ist eine dreifache: Eine Präexistenz, eine Koexistenz und eine Proexistenz.

I. Ihre „Präexistenz" in Christus

Man kann natürlich nur in einem analogen Sinn von einer „Präexistenz" eines Menschen sprechen. Sie kommt im vollen Umfang ausschließlich dem Gottmenschen Jesus Christus zu, insofern sie hier eine ewige ist. Sie kann als vorzeitliche Existenz von uns Menschen in dem Sinne und in dem Maße ausgesagt werden, als wir durch das Wort geworden und erlöst sind.

Eine vorzeitliche Existenz wird besonders der Mutter Gottes zugeschrieben. Nach der älteren Meßliturgie wurde zum Fest der Unbefleckten Empfängnis eine Lesung aus dem Buch der Weisheit genommen. Hier heißt es: „Der Herr besaß mich im Anfang seiner Wege, von Anbeginn, noch bevor er etwas geschaffen hat. Von Ewigkeit her bin ich eingesetzt, von Urbeginn, bevor die Erde ward" (Spr 8, 22, 23). Diese Worte, die eigentlich nur von der unerschaffenen göttlichen Weisheit gelten, wandte die Kirche auf Maria an, um auszudrücken, wie sehr sie im Plane Gottes von Ewigkeit her mit dem Erlöser verbunden war.

Das Wort des Propheten Jeremia „Mit ewiger Liebe habe ich dich geliebt“ (Jer 31, 3), das er hier zunächst zum auserwählten Volk spricht, ist grundsätzlich zu jedem Menschen gesprochen. In Christus sind wir schon „vor Grundlegung der Welt auserwählt, auf daß wir heilig und untadelhaft vor ihm seien. In seiner Liebe hat er (nämlich der Vater unseres Herrn Jesus Christus) uns zu seinen Kindern vorherbestimmt“ (Eph 1, 4. 5). Der Vater „hat uns ja errettet und mit heiligem Ruf berufen ... nach seinem Ratschluß und seiner Gnade, die uns in Christus Jesus vor ewigen Zeiten geschenkt wurde“ (2 Tim 1, 9). Die mit diesen Schriftworten angedeutete Präexistenz in Christus trifft sicherlich auf die selige Franziska zu.

Sie gilt im Grunde von allen Menschen, insofern sie „erwählte“ sind. Der Mensch ist ein ewiger Gedanke Gottes, der zu einer bestimmten Stunde der Geschichte in die Zeit hineingesprochen wird. In der Weiheoration der Bischofsweihe stehen die Worte: „Du kennst alle Wesen, *schon bevor sie geboren sind.*“ Hier wird sogar auf die vorzeitliche Kenntnis Gottes aller *Wesen* hingewiesen. Diese vorzeitliche Existenz wird dann konkretisiert am jüdischen Volk. „Von *Anbeginn* hast du das Volk der wahren Kinder Abrahams vorherbestimmt.“

II. Ihre Koexistenz mit dem Herrn

1) Mit der Armut des Herrn

Die Existenz Jesu Christi nimmt ihren Anfang mit der Empfängnis durch den Heiligen Geist und tritt konkret in Erscheinung mit seiner Geburt. Die Mensch*werdung* des Sohnes Gottes ist die grundlegende Erniedrigung, die alle anderen Formen seiner Erniedrigung bis zum Tod am Kreuz ermöglichen. Wir können mit Fug und Recht von einem *Werde-gang* Christi sprechen. Jesus kommt nicht als fertiger Mensch auf die Welt, er wird und entwickelt sich wie jeder normale Mensch von seiner Geburt bis zu seinem Tod. Gregor von Nazianz stellt die These auf: „Das *IST* wird." Der unveränderliche, ewige Gott, in dem es keine Möglichkeiten mehr gibt — sonst wäre er nicht vollkommen —, der reinste Wirklichkeit ist, stellt sich in Jesus Christus unter den Begriff des Werdens, Wachsens, Reifens und Sterbens. Der Unvergängliche nimmt die Form der Vergänglichkeit, der Unveränderliche die Weise der Veränderlichkeit, das Sein das Gesetz des Werdens an. Er wächst heran, nimmt zu an Gnade und Weisheit (vgl. Lk 2, 52), lernt den Gehorsam und vollendet sich zum Urheber des Heiles (Hebr 5, 7 f). Der Werdegang Christi offenbart uns, welchen Reichtum er als der ewige Logos verlassen und welche Erniedrigung und Armut er mit seiner Menschwerdung auf sich genommen hat. Hierin ist Gott in Jesus Christus mit uns allen solidarisch geworden. Das ist eine beglückende Erkenntnis. Diese Solidarität ist *die* Liebestat unseres Herrn Jesus Christus. „Ihr kennt die Liebestat unseres Herrn Jesus Christus: Er, der Reiche, ist um euretwillen arm geworden, damit ihr durch seine Armut reich werdet“ (2 Kor 8, 9). Gott nimmt vollkommenen Anteil an unserer Menschheit, — ausgenommen die Sünde —, um uns teilnehmen zu lassen an seiner Gottheit. Da seine Gottheit aber gerade in seiner Güte und Menschenfreundlichkeit erscheint und die Epiphanie der Liebe überhaupt ist, besteht unsere Vergöttlichung in unserer Vermenschlichung[29].

Die Solidarität Christi mit uns Menschen ist universal. Diese Universalität hat das Vatikanum II in der „Pastoralkonstitution über die Kirche in der Welt von heute“ mit aller Deutlichkeit ins Licht gerückt. „Denn er, der Sohn Gottes, hat sich bei seiner Menschwerdung gewissermaßen mit jedem Menschen vereinigt“ (Art. 22). Christus hat Kontakt aufgenommen zu allen Menschen, die jemals gelebt haben, jetzt leben und jemals leben werden. In jedem menschlichen Antlitz begegnet uns das Abbild und Ebenbild des Antlitzes Jesu Christi. Der Kontakt des Herrn mit uns beginnt mit der Menschwerdung des Menschen. Unsere Antwort auf diesen Kontakt erfolgt in Glaube und Taufe.

Wir können verstehen, wenn eine Franziska Schervier zum Geheimnis der Inkarnation ein besonders inniges Verhältnis hatte. „Sie schenkte den Filialen schöne Krippen oder den Schwestern Krippenbildchen“[30]. „Wenn sie am heiligen Weihnachtstage den Anfang des Evangeliums des heiligen Johannes in der Gemeinde vorlas, brach sie bei den Worten: ‚Das Wort ist Fleisch geworden‘, gewöhnlich in Tränen aus“[31]. Sie schreibt ein Krippenspiel, das sie aufführen läßt. Es beginnt mit den Worten: „Ich komm vom Hohen Himmelsthron | des ew'gen Vaters gleicher Sohn. | Bin worden einer Mutter Kind | zu retten sind die Menschenkind. | Die Kripp' ist meine Liegenstatt | die Windelschnur mein Kleiderstaat | Mein Hofgesind Ochs, Eselein. | So büß ich, darb ich und bin klein | zu machen groß dich, selig, reich. | Werd Mir du, wie Ich dir ward gleich.“ Diese Strophe ist programmatisch für das Leben des Herrn in der Sicht der Seligen und ist darum auch programmatisch für ihr eigenes Leben.

Die anthropologische Armut, die der Herr in seiner Menschwerdung, in dem damit beginnenden Abstieg auf sich genommen hat, findet ein erstes Symbol in der äußeren Armut der Krippe, im Stroh und in den Windeln. Die Selige betrachtet immer wieder diese Armut des Herrn. Sie will gerade in dieser Armut dem Herrn gleichförmig werden. „Ich ermahne und eifere all meine Schwestern an, um der Liebe des allerheiligsten Kindleins Jesu in ärmliche Tüchlein gewunden und in einer Krippe liegend und um seiner heiligen Mutter willen, allzeit schlechte Kleider zu tragen. So herrlicher Ermahnung zufolge, müßten wir es uns zur Freude rechnen, wenn wir das Geringste und Schlechteste zu unserer Kleidung immer erhalten könnten“[32]. Sie nannte die Armut den „Diamant“ in ihrer Regel[33]. Sie gibt ihren Mitschwestern in diesem Punkte ein fast nicht nachzuahmendes heroisches Beispiel. Sie ist von der Armut des Herrn, die sie zudem im franziskanischen Licht sieht, fasziniert. „In ihrer Liebe zur Armut ging Franziska so weit, daß sie die Kleider trug, bis sie grasgrün waren“[34]. Sie zieht nie einen neuen Habit an, sie trägt nur gebrauchte[35]. Sie nahm für sich immer die schlechtesten Dinge.

Zur Armut in der Kleidung gesellte sich die Armut in der Wohnung. Sie beanspruchte für sich die ärmste Zelle[36]. „Als während ihres Aufenthaltes in Amerika am Mutterhaus in der Kleinmarschierstraße einige Ornamente angebracht worden waren, war sie bei ihrer Rückkehr sehr betrübt. Sie ließ die Verzierungen entfernen, weil sie dem Geist des heiligen Franziskus nicht entsprächen“[37]. „Während der Zeit des Kulturkampfes ließ sie in Verviers (Belgien) ein Kloster erbauen für den Fall, daß die Schwestern aus Deutschland ausgewiesen würden. Während des Bauens weilte die Mutter in Amerika. Zurückgekehrt, begab sie sich nach Verviers. Sie sah das große Haus, das nach ihrer Meinung zu grandios war und den Grundsätzen der Armut unserer Genossenschaft durchaus nicht entsprach. Weinend setzte sie sich hinter eine Hecke und wollte nicht ins Haus eintreten. Später wurde dieser Konvent mit großem Verlust verkauft“[38]. Sie verabscheute jeden Prunk, aber sie liebte den „Glanz der Armut". Felicitas Dorst berichtet, wie Mutter Franziska sie in die Stadt schickte, um einen kleinen Reliquienbehälter zu kaufen. „Ich brachte zwei zur Auswahl, beide zum gleichen Preis, doch sah der eine bedeutend reicher aus. Die Mutter griff sogleich nach dem einfachen Reliquiar. Da hielt ich ihr den schöneren hin und sagte: ‚Teure Mutter, dieser hier sieht reicher aus und kostet auch nicht mehr!' Darauf antwortet sie mir: ‚Schwester bedenke, daß wir auch darauf bedacht sein müssen, den Glanz der Armut zu erhalten'"[39]. Sie hat nicht umsonst ihrer Genossenschaft den Namen gegeben „Armen-Schwestern vom heiligen Franziskus". Sie hat diese Bezeichnung für ihre Genossenschaft durchgesetzt, obwohl Bischof Laurent, der ihr sonst sehr gewogene Domkapitular Dr. Trost, und vor allem Kardinal von Geissel gegen ihr Armutsideal protestierten.

Ihre Liebe zur Armut, die zutiefst christologisch und dann franziskanisch begründet war — sie wollte mit der Gründung der Genossenschaft in jeder Beziehung ihren Namen realisieren —, prägte auch ihre Nahrung, die nicht mehr als gerade lebensnotwendig war. Im Grunde genommen stand ihre ganze Lebensweise unter dem Gesetz des Fastens, der Buße und der Abtötung. Sie mischte oft Galle und Asche unter ihre Speise. Ab und zu gab es bei Tisch ein Ei, das mit der Gabel oder dem Löffel gegessen wurde. Eierlöffelchen gab es nicht. Aus dem Hotel „König von Spanien", das dem Mutterhaus gegenüberlag, wurde jeden Tag der Kaffeesatz abgeholt. Auf diesen bereits verbrauchten Satz goß die Küchenschwester Wasser, um den Kaffee für die Schwestern daraus zu brauen. Er wurde immer schwarz, nie mit Milch getrunken.[40] Weil ihre Liebe zur Armut christologisch motiviert ist, hat sie einen starken Heilsbezug. Sie intendiert mit ihrer Armut ihren geistlichen Reichtum. Es gibt einen unechten, unwahren materiellen Reichtum vor der Welt und einen echten, wahren Reichtum vor Gott. Im alten Römischen Brevier lautet die Antiphon zur Non vom Montag nach Septuagesima: „Wenn ihr, Brüder, wirklich reich sein wollt, so liebt den wahren Reichtum." Diesen wahren Reichtum erwirbt sich die Selige durch ihre Armut. Reichtum kann man nicht „be-sitzen". Damit würde in das Wort „Reich-tum" ein Widerspruch hineingetragen. Reichtum wird weitergereicht. Die Selige reicht gerade diesen wahren Reichtum weiter zum Heil anderer. Sie weiß, daß man vor Gott nur mit leeren Händen bestehen kann. Diese doppelte Armut macht sie doppelt reich. Auf die Selige darf man das Wort des Herrn anwenden: „Er, der Reiche, ist um euretwillen arm geworden, damit ihr durch seine Armut reich werdet."

Dieser Heilsbezug und diese Dialektik haben grundsätzliche Bedeutung für jede christliche und klösterliche Armut. Jede Schwester wird arm, um reich zu werden. Sie ist reich durch ihre Erwählung, reich an Gnaden, reich an den Heilsgütern, die ihr jeden Tag in der Eucharistie, im gemeinsamen Breviergebet, in der Betrachtung, in der Schriftlesung zukommen. Dieser geistliche Reichtum ist primär immer Geschenk Gottes, nicht menschliche Leistung. Darum darf niemand darauf pochen oder gar seine „Verdienste“ aufrechnen vor Gott. Im Christentum entscheidet niemals die Leistung, sondern immer die Liebe und das Erbarmen Gottes. Diese geistlichen Reichtümer werden gegeben, um sie weiterzugeben. Sie verpflichten zum Apostolat. Nur indem wir diese Geschenke weitergeben an die uns anvertrauten Menschen, verdoppeln und vervielfältigen wir sie. „Wem viel gegeben ist, von dem wird viel gefordert“ (Lk 12, 48).

Man kann in Klöstern einem Heilsegoismus, auch noch einem Heilskollektivismus, in dem sich die Schwestern für das gegenseitige Heil verantwortlich wissen, begegnen, aber seltener einem Heilsuniversalismus, der gerade den Herrn charakterisierte. Wieweit jemand mit dem Einsatz seines Heiles für das Heil anderer gehen darf, zeigt uns im Extremfalle der Roman von Gertrud von le Fort „Der Kranz der Engel“. Die beiden Hauptgestalten dieses Romans sind „Enzio“ und seine Geliebte „Veronika“, meistens „Spiegelchen“ genannt. Enzio ist vollkommen ungläubig und unreligiös. Veronika ist das genaue Gegenteil. Sie kann sich keine heilige Messe vorstellen ohne den Empfang der heiligen Eucharistie. Sie zeichnet sich aus durch eine tiefe Gläubigkeit und Frömmigkeit. Enzio und Veronika sind durch eine Liebe miteinander verbunden, die stark ist wie der Tod und die kein Wasser der

Trübsal zu löschen vermag. Veronika ist bereit, mit Enzio auch ohne sakramentale Ehe zusammenzuleben. Sie stützt sich dabei auf das Wort des Paters Angelo, der ihr einmal gesagt hatte: „Wir müßten heute die vollkommene Liebesgemeinschaft mit den Ungläubigen eingehen, dann würden sie auch unserer Gnaden teilhaftig werden“[41].

Angelo kann sich hier auf den heiligen Paulus berufen, der sagt: „Wenn eine Frau einen ungläubigen Mann hat, der mit ihr zusammenleben will, so soll sie ihren Mann nicht entlassen. Denn der ungläubige Mann wird durch die Frau geheiligt, und die ungläubige Frau wird durch den Bruder geheiligt“ (1 Kor 7, 13 f). Nach dem Roman gelingt es Veronika, durch ihren überzeugend gelebten Glauben Enzio zu heiligen und zu bekehren, und der „Kranz der Engel“ windet sich um das Leben beider. Dieser Roman ist noch soeben an der kirchlichen Indizierung vorbeigekommen, weil er mit seinem Apostolat zu weit geht. Niemand darf sein Heil preisgeben um des Heiles eines anderen willen, aber dürften und sollten wir nicht unser Heil wagen, um das eines anderen zu gewinnen? Gilt hier nicht auch das Sprichwort: Wer nicht wagt, der nicht gewinnt?

2) Mit den Armen

Die Liebe zur Armut impliziert die Liebe zu den Armen. Der Herr stellt sich schon bei seiner Geburt ganz eindeutig auf die Seite der Armen. Er wählt sich arme Eltern. Sein Nährvater Josef kann nicht das Geld aufbringen, um für seine hochschwangere Frau eine rechte Unterkunft für ihre Niederkunft zu finden. Er muß mit einer Höhle vorliebnehmen, wie wir sie noch heute rund um Betlehem finden können. „Sie ist fern jeder Romantik, alltäglich, sachlich wie ein Geräteschuppen, für eine Geburt so traurig wie die Trümmerkeller, in denen nach dem letzten Krieg die Menschen Zuflucht suchten. Und Jesus lag in einer Krippe, aber daran hängt schon wieder unsere ganze Krippenromantik. Sagen wir lieber: Er lag in einem Futtertrog“[42]. Futtertrog und Höhle charakterisieren das soziologische Niveau der Hirten. Sie waren damals in Palästina verachtet. Man sagte ihnen nach, sie würden ihre Herren um den Ertrag der Herden betrügen. In zwei rabbinischen Listen werden unter den räuberischen und betrügerischen Gewerben auch die Hirten aufgezählt. Sie galten als notorische Betrüger, hatten keine Ehrenrechte, waren asozial und ausgeschlossen aus der Gemeinschaft der wohlanständigen Dorfbewohner[43]. Sie waren Außenseiter. Mit der Geburt des Herrn, die wie eine Ouvertüre zu seinem Leben klingt, werden alle späteren Themen schon angeschlagen. Franziskas Liebe gilt den Armen. Sie sieht die Menschen immer in der Perspektive Christi. Von der französischen Mystikerin Lucie Christine stammt das Wort: „Nichts zwischen Ihm und mir. Er zwischen mir und allem“[44]. Dieser Satz trifft in seiner ganzen Sinntiefe auf das Leben der Seligen zu. Sie sieht alle Ereignisse und alle Menschen in der Perspektive des Herrn. In dieser Perspektive sind alle Menschen anonyme Christen. Weil die Armen dem armen Jesus besonders nahe standen, hat auch sie eine besondere Vorliebe für die Armen. In der Soziologie der Welt spielt der Reiche immer die erste Rolle. Geld regiert die Welt, und vielfach gilt der Mensch nach seinem Geld. Das war und ist auch teilweise noch so in der Kirche, in der sich die Soziologie Christi nur schwer durchsetzen kann. Das beste Beispiel dafür ist das zweite Kapitel des Jakobusbriefes, das uns das grundsätzlich christliche Verhalten zu arm und reich darstellt und als den schreienden Gegensatz dazu das praktische unchristliche Verhalten aufzeigt. An den Mißständen, mit denen Jakobus so scharf ins Gericht geht, hat sich seitdem noch nicht alluzviel geändert. Armut gilt nicht als Ehre, sondern als Schande. Auf den Armen sieht man herab, zu dem Reichen schaut man hinauf. Es war eine revolutionäre Tat, als Franziska Schervier die Akzente völlig anders setzte und das Verhalten des Herrn gegen arm und reich zu ihrem Maßstab machte. Eine Zeugin berichtet: „Wenn man mich fragt: ‚Was hielt die Mutter von der Liebe zum Nächsten?' kann ich nur antworten: ‚Sie hat uns immer wieder angehalten, in jedem Armen Christus zu sehen' "[45]. Sie nahm in ihrem Verhalten zum Nächsten keine Rücksicht auf Standesunterschiede. Einmal brachte eine Gräfin ihre Tochter zu Franziska, weil diese in die Genossenschaft einzutreten gedachte. Die Gräfin bat die

Mutter, zu dem Kind etwas rücksichtsvoll zu sein. Darauf entgegnete sie: „Frau Gräfin, Ihre Tochter gehört noch zu Ihnen. Ausnahmen kann ich mit ihr nicht machen, aber wenn es Ihnen gefällt, können Sie sie wieder mitnehmen“[46]. Ein Meßdiener, der drei Jahre lang im Mutterhaus der Kleinmarschierstraße die Messe diente, berichtet im reifen Alter (66 Jahre), daß ihm eins unvergeßlich geblieben sei. „Häufig kam eine Gräfin in die Kirche und fast jedesmal auch in die Sakristei, die an die Kirche anstieß. Ich habe niemals gesehen, daß Mutter Franziska der Gräfin gegenüber ein anderes Benehmen an den Tag legte wie gegen andere Leute. Ich glaubte sogar zu bemerken, daß die Armen ihr noch näher am Herzen lagen“[47]. „Bei der Visitation machte sie in der Art und Weise der Begegnung mit den Schwestern keine Ausnahme, höchstens, daß sie die ärmsten mehr liebte“[48].

Mit welch tiefem Glauben die Selige in jedem Menschen und in jedem Armen Christus erblickte und in ihm ihren Bruder und ihre Schwester erkannte, zeigt nicht zuletzt ihre scheue Ehrfurcht vor den Verstorbenen in der Behandlung der Leichen. Eine Zeugin berichtet: „Als ich einmal als Postulantin eine Leiche fertig machen durfte, sagte die Mutter zu mir: ‚Du mußt bedenken, was du jetzt tust. Komm, ich gebe dir den Segen, damit du in dem Leichnam den Leib unseres Herrn siehst und nicht nur einen toten Menschen.‘ Das habe ich nie vergessen. Die Mutter fügte noch bei: ‚Während du die

Leiche wäschst und anziehst, denke, du hättest den Leichnam Christi vor dir' "[49]. Ihr Dienst an den Lebenden und Toten ist immer indirekter und mittelbarer Christusdienst und damit Glaubenszeugnis. Die Selige hat beim Umgang mit den Leichen sicherlich auch an die leiblichen Werke der Barmherzigkeit gedacht, die der Evangelist Mattäus aufzählt (Mt 25, 25–36). Die hier sechs angeführten leiblichen Werke der Barmherzigkeit hat sie um ein siebentes vermehrt: „Ich war tot, und ihr habt mich begraben." Diese Liebeswerke sind der Maßstab für das Endgericht. Es ist für ein junges Mädchen nicht einfach, eine Leiche für das Begräbnis zuzurichten. Den meisten läuft es dabei eiskalt über den Rücken, und sie ekeln sich davor. Einer anderen jungen Postulantin, die erstmalig diese grausige Aufgabe übernehmen mußte, sagte die Mutter: „Nun laßt uns (nämlich an der Leiche) niederknien und zuerst drei Vaterunser beten für die hingeschiedene Seele, und zugleich, daß Gott uns die Gnade gebe, diese Arbeit im rechten Geist zu verrichten und an der Leiche den heiligen Leichnam unseres Herrn zu betrachten und mit aller Ehrfurcht behandeln zu können"[50]. Franziska fragte dabei nicht nach der Religion oder Konfession des Verstorbenen.

3) Mit den Ausgestoßenen

Der Herr hatte ein besonderes Verhältnis zu den Ausgestoßenen, zu den „Exkommunizierten", das heißt zu denen, die aus der völkischen und kultischen Gemeinschaft ausgeschlossen waren. Dazu gehörten die Aussätzigen, die Zöllner und Sünder. Er galt als deren „Freund“ (Lk 7, 34), mit denen er sich an einen Tisch setzt, um mit ihnen ein „Gelage“ – man lag zu Tisch – zu halten und damit die Gemeinschaft mit ihnen zu dokumentieren. Damit erregte er das Ärgernis der Pharisäer und aller frommen Juden. Christus betrachtete sich als „Arzt“, dessen nicht die Gesunden, sondern die Kranken bedurften (Lk 5, 31). Es ging ihm immer primär um das Verlorene und den Verlorenen. Lukas schildert uns das Gleichnis vom verlorenen Schaf, von der verlorenen Drachme und dem verlorenen Sohn (Lk 15, 1–32). In allen Gleichnissen ist der Suchende immer der Mensch: Der Hirt, die Frau, der Vater. Der Verlust ist zunächst ein toter Gegenstand: Eine Drachme, ein Tier, ein Schaf, das sich sehr schwertut in der Orientierung zur Herde; schließlich ein Mensch, der Sohn. Das Gleichnis von der verlorenen Drachme veranschaulicht mit aller Schärfe, daß die Suche nach dem Verlorenen von der Frau auszugehen hat. Die Selbstfindung einer Sache ist ein Widerspruch in sich. Das nun ist der Vergleichspunkt dieser drei Gleichnisse. Abstrahieren wir die Sachhälfte von der Bildhälfte, so ist mit dem „Verlorenen“ immer der Mensch, und mit dem suchenden Hirten, der suchenden Frau und dem auf die Heimkehr des Sohnes wartenden Vater immer Jesus Christus beziehungsweise sein himmlischer Vater gemeint. Es ist die spezielle Sendung des Herrn, das Verlorene zu suchen. Für die Suche wird keine Zeitgrenze angegeben, sondern nur das Ziel: Das Finden. Wenn der Herr die Sendung und den Auftrag seines Vaters wiedergeben will, gebraucht er gerne das Wort „kommen“. „Der Menschensohn ist ja gekommen, zu suchen und zu retten, was verloren war“ (Lk 19, 10). „Ich bin gekommen, daß sie das Leben haben und es in Fülle haben“ (Joh 10, 10)

Mit diesen Worten fühlt sich Franziska angesprochen. Sie begibt sich mit dem Herrn auf die Suche nach dem Verlorenen. Armut hat viele Gesichter. Materielle und finanzielle Armut können noch ein christliches Gesicht tragen. Es gibt keinen ärmeren Menschen als den, der seinen Glauben und damit Gott verloren hat. Wenn wir nach Vergleichen greifen, um die finanzielle Armut auszudrücken, sagen wir etwa: Der ist arm wie eine Kirchenmaus. Wer den Glauben an Gott verloren hat, ist „ein armer Teufel“. Der Teufel ist das denkbar ärmste Geschöpf, das nichts zu bieten hat als Qual und Tod, weil es für ewige Zeiten die Gemeinschaft mit Gott eingebüßt hat.

Franziska wendet sich gerade diesen geistig-geistlichen Armen zu, die mit ihrem Glauben auch das Leben nach dem Glauben verloren haben. Darum nimmt sie sich der Prostituierten an, die sie als der „gute Hirt“ heimführen möchte zur Herde des Herrn. Sie geht ihnen buchstäblich nach. Sie wagt es, Herrenkleider anzuziehen, um in dem Freudenhaus Eingang zu finden, dort mit einem ihr bekannten Mädchen Kontakt aufzunehmen und es so zu beeinflussen, daß es das Haus für immer verließ. Was Franziska beseelte, war ein über die Caritas hinausgehender pastoraler Eifer, der mit allem Nonkonformismus das Heil der Verlorenen suchte. Diese pastorale Verantwortung trieb sie schon vor der Gründung ihrer Genossenschaft dazu, die gefährdeten und gefallenen Mädchen in einem eigenen Heim, im sogenannten „Prediger", einem alten Dominikanerkloster, zu sammeln. Sie nahm in kurzer Zeit nicht weniger als 30 Prostituierte auf, um nach der Gründung ihrer Genossenschaft diese Arbeit an das Kloster vom Guten Hirten abzugeben. Noch aus einem anderen Grunde wandte sie sich besonders den gefallenen Mädchen zu. Franziska schätzte die Reinheit und Jungfräulichkeit über alles. Sie selbst besaß diesen Reichtum in ungebrochener Fülle. Jungfräulichkeit verstand sie nicht nur negativ als „Ehelosigkeit", als Abwesenheit eines Mannes, eines Kindes, einer Familie, sondern mehr positiv als intensive Anwesenheit Jesu Christi, dem ihre ganze Liebe ungeteilt gehörte. In ihrer Jungfräulichkeit leuchtet schon der eschatologische Mensch auf. Sie muß „zum Zeichen werden, daß die neue Schöpfung schon begonnen hat und daß Gott dem Menschen ganz nahe gekommen ist"[51]. Aus ihrer persönlichen Erfahrung heraus wußte sie, was diese Mädchen verloren hatten.

Noch ärmer als diese Freudenmädchen waren die zum Tod verurteilten Verbrecher. Sie wachte mit den Verbrechern, die am anderen Morgen zum

Schafott geführt wurden, die ganze Nacht hindurch, sprach und betete mit ihnen, erwirkte ihre Bekehrung, söhnte sie mit dem Herrn aus, so daß sie bei ihrer Enthauptung in Frieden mit Gott heimgingen. Sie blieb bis zur letzten Minute. Wenn sie nach einer solchen Nacht nach Hause ging, war sie völlig erschöpft, und ihre Kleider waren mit Blut bespritzt. Achtmal hat sie diesen Weg gemacht. Es ging ihr auch bei der Kranken- und Armenpflege, bei der Betreuung der verwundeten Soldaten in den Lazaretten letztlich immer um die Behebung der tiefsten Armut vor Gott.

Diese Sicht schenkt ihr der Herr, den sie auch im „Sünder", dem Ärmsten der Armen, entdeckt. Bei Paulus lesen wir den ärgerniserregenden Satz, daß Gott den, der von keiner Sünde wußte, zur Sünde für uns alle gemacht hat (2 Kor 5, 21). Franziska begegnet eines Tages einer unbekannten Frau, die wegen einer Straftat inhaftiert wurde, aber aus dem belgischen Gefängnis entfliehen konnte. Sie denkt nicht daran, sie wieder der weltlichen Justiz auszuliefern. Sie nimmt sie in aller Liebe auf und sorgt für sie. Sie bekannte später: „Es war mir, als hörte ich im Innern und in der Stille den göttlichen Heiland sagen: ‚Ich bin es selbst, den du aufnimmst und tröstest. Ich will auch ferner in den armen Gefangenen durch euch bedient werden' "[52]. Zu diesem Verhalten motiviert sie auch das Wort: „Ich war gefangen, und ihr seid zu mir gekommen" (Mt 25, 36). Sie bemüht sich, die Worte Gottes zu realisieren.

4) Mit seiner Erniedrigung

Wir sprechen von einer Descendenzchristologie. Der Weg des Herrn ist gekennzeichnet durch den Abstieg, durch das Hinab und Hinunter, wobei Abstieg und Erniedrigung die Ursache sind für seine Erhöhung, seinen Aufstieg. Die Ascendenzchristologie ist also die Folge der Descendenzchristologie. Der nicht zu ermessende Abstieg des Herrn beginnt mit seiner Menschwerdung, zeigt sich im Abstieg zur sozial tiefsten Schicht und im Umgang mit ihr, steigert sich im Abstieg zur fußwaschenden Liebe, die heidnischen Sklaven reserviert war, vollendet sich im Abstieg und Aufstieg zum Kreuz – seine Kreuzigung ist nach Johannes gleichzeitig seine „Erhöhung" im wörtlichen und übertragenen Sinne – und setzt sich fort in dem „Abstieg zu den Toten". Dieses Hinab bezeichnet Paulus als die völlige exinanitio, die Entäußerung unseres Herrn. „Habt die Gesinnung in euch, die in Christus war. Er, der in Gottesgestalt war, erachtete sein göttliches Sein nicht für ein Gut, das er mit Gewalt festhalten sollte. Vielmehr entäußerte er sich, nahm Kechtsgestalt an und wurde den Menschen gleich. Er erschien im Äußeren als Mensch, erniedrigte sich und ward gehorsam bis zum Tod, ja bis zum Tod am Kreuz" (Phil 2, 5 f). Mit diesen Worten gibt Paulus unübertroffen die innerste Mentalität des Herrn wieder. Es geht dem Herrn um den letzten Platz, um die niedrigsten Dienste, um die Verkennung, um den Gehorsam. Das Hinab Christi steht zum sündigen „Hinauf“ des Menschen, der in seinem luziferischen Schrei wie Gott sein will und ihm seinen Dienst kündigt, im dialektischen Verhältnis und bewirkt die göttliche Versühnung und Versöhnung. Diese Gesinnung, die Paulus den Gläubigen in Philippi so eindringlich ans Herz legt, hatte sich die Selige zu eigen gemacht. Sie personifizierte gewissermaßen die Demut, die Bescheidenheit, die Niedrigkeit. Diese Züge an ihr sind keine „Tugenden“ im gewöhnlichen Sinne dieses Wortes, sie sind wesentliche Elemente ihrer Koexistenz mit Christus. Es ist nicht ganz einfach, diese ihre Erniedrigung in detaillierten, konkreten Einzelheiten aufzuzeigen. Dennoch soll es exemplarisch versucht werden.

Eine Zeugin berichtet: „Ihre Grundtugend war, wie es schien, die Demut. Darum hatten wir größte Hochachtung vor ihr . . . Aus persönlicher Erfahrung weiß ich, daß die Mutter, wenn sie unsere Klöster besuchte, niemals einen Wagen nehmen wollte, obschon die Wege oft weit waren. Sie lehnte den Wagen auch ab, wenn Wind und Schnee und Regen ihrem Asthmaleiden sehr zu schaffen machten. Wollte man sie dann beeinflussen, gab sie zur Antwort: ‚Wir gehören zu den Armen, und die Armen gehen zu Fuß‘ “[53]. Wie sie den Wagen ablehnte, lehnte sie auch einen feierlichen Empfang ab. Als Mutter Franziska nach Amerika reiste, um die dortigen Klöster zu visitieren, wollte ein Haus sie auf hochfeierliche Weise empfangen. „Alle Schwestern standen zum Empfang der Mutter an der Pforte Spalier mit Kerzen in der Hand. Eine Schwester des Hauses traf auf der Treppe eine andere Schwester von kleiner Gestalt. Sie hielt sie für eine Schwester des Hauses und fragte: ‚Schwester, hast du noch keine Kerze? Wir erwarten doch die Mutter.‘ Die kleine Schwester, die Mutter Franziska selber war, antwortete nichts, sah vielmehr die andere Schwester lächelnd an und ging weiter. Kurz danach sagte die betreffende Schwester zu den anderen, sie hätte im Haus eine fremde Schwester gesehen. Da merkte die Gemeinde erst, daß die Mutter durch einen Nebeneingang ins Haus gekommen war, weil sie von diesem feierlichen Empfang Wind bekommen hatte“[54].

Demut war ihre „Fundamentaltugend“[55]. Eine andere Schwester bezeugt, daß sie einen Monat vor dem Tod der Seligen mit ihr von Köln nach Aachen fahren durfte. „Nenne mich im Abteil nicht Mutter‘, sagte sie zu mir. ‚Ich möchte als einfache Schwester reisen!‘ Beim Einsteigen suchte die Mutter alsbald den schlechtesten Platz zu erreichen und war nicht zu bewegen, denselben zu wechseln ... In Aachen wurde die Mutter von niemandem empfangen, obschon sie selber jede Lokaloberin in Empfang nahm, die ins Mutterhaus kam. Aus Bescheidenheit hatte die Mutter keinem etwas von ihrer Ankunft gesagt. Von der Bahn ging sie zu Fuß zum Kloster. Einen Pfennig zum eigenen Gebrauch auszugeben, schien ihr zuviel“[56]. Sie schreckte vor den niedrigsten Arbeiten nicht zurück. Montags morgens war sie die erste in der Waschküche. „Die Mutter war immer an der Bütte zu finden, wo die

Wäsche die meiste Arbeit machte. Nach Tisch spülte sie mit den Schwestern das Geschirr"[57].

Sie nahm das Amt der Generaloberin nur sehr ungern an, weil sie die Verantwortung fürchtete. Einmal warf sie sich im Kapitel vor den Schwestern auf die Erde nieder und sagte: „Schreitet alle über mich hiweg, das habe ich lieber, als daß ich noch einmal dieses Amt annehmen soll. Ich habe eine Generalbeichte beim Erzbischof Paulus Melchers abgelegt, der weiß, daß ich gar nicht würdig bin, das Amt wieder anzunehmen"[58]. Dann mußte sie es doch im kirchlichen Gehorsam annehmen. Als Generaloberin ließ sie sich Widerspruch in aller Ruhe und Gelassenheit gefallen[59]. Bei Widerspruch schwieg sie. Sie wechselte nicht einmal die Farbe. Ein Blick nach oben, und sie war ruhig. Höchstens sagte sie: ‚Diese Demütigung ist das Rechte für mich' "[60].

Sie konnte als Generaloberin ebensogut gehorchen wie befehlen. „1864 begab sich die Mutter auf den Kriegsschauplatz nach Schleswig-Holstein. Als dort ein zweites Lazarett errichtet und ebenfalls unseren Schwestern übergeben wurde, gab sie einer jungen Schwester, die sie zur Vorgesetzten einsetzte, ihr rotes Kreuz. Diese Schwester hatte noch nicht die ewige Profeß gemacht. Ohne zu zögern gab die Mutter das Skapulier der jungen Schwester und unterstellte sich ihr als Untergebene"[61]. Sie wollte nie einen neuen Habit tragen. Für sie war alles gut genug. „Um ihr ein neues Kleidungsstück zu geben, mußten die Schwestern schon eine List anwenden.

Die Mutter war ihrer Assistentin gegenüber gehorsam, wenn diese der Regel gemäß das Amt der Mahnerin hatte“[62].

„1875 fiel die Wahl der Generaloberin wieder auf Franziska. Als Dechant Rath ihr das Ergebnis mitteilte, antwortete sie: ‚Ich kann das Amt nicht annehmen ... Weil es mir scheint, daß ich selbst alle Fehler verschuldet habe, die in der Genossenschaft begangen werden.‘ Als der Vorsitzende der Wahl diesen Grund nicht gelten lassen wollte, sagte sie ohne Bitterkeit: ‚Man hat mir auch gesagt, es wäre gut, wenn ich noch einmal Untergebene würde.‘ Als ihr auch dieser Vorwand nicht half, vom Amt befreit zu werden, brach sie in Tränen aus und sagte: ‚Ich werde ja auch keine sechs Jahre mehr leben‘ “[63].

Die hier genannten Beispiele ließen sich noch beliebig vermehren. Aber sie mögen als Zeugnisse für ihre Solidarität mit der Selbstentäußerung des Herrn genügen.

Die Erniedrigung, die sie selbst suchte, erwartete sie auch von ihren Schwestern. Bevor sie ihre Reise nach Amerika antrat, hinterließ sie ihnen zum Abschied in einem Rundschreiben zwölf Grundregeln für ihr Verhalten. Punkt sechs lautete: „Bereitwillig und gern die niedrigsten Dienste übernehmen, wenn es so sein kann, die schlechtesten Sachen zu seinem Gebrauch haben, sich als die Geringste unter allen ansehen“[64]. „Wenn einmal unter den Schwestern Schwierigkeiten entstanden, empfahl sie ihnen, demütig zu sein und den untersten Weg zu gehen“[65].

Mit dieser Erniedrigung beschreitet die Selige in einer radikalen Weise den Weg der Nachfolge Christi. In dem Herrenwort: „Wenn jemand mir nachfolgen will, verleugne er sich selbst“ (Mt 16, 24) steht die Selbstverleugnung an erster Stelle, welche die Selbstlosigkeit weit hinter sich läßt. Diese Selbstverleugnung ist kein aszetischer Akt, sondern ein ontischer Prozeß. Christus verleugnet sein gottgleiches Sein unter der Hülle des menschlichen Seins. Sein und Schein widersprechen einander. Der Herr ist mehr, als er zu sein scheint. Wer sich selbst verleugnet, will weniger scheinen, als er ist. Viele Menschen sind auf die äußere Fassade bedacht und übertünchen mit ihrer Erscheinung ihr mangelhaftes Sein. Bei Franziska stehen die äußere Erscheinung und das innere Sein genau im umgekehrten Verhältnis.

5) Mit dem Gehorsam

a) Mit dem passiven Gehorsam

Auf derselben Ebene wie die Erniedrigung des Herrn liegt sein Gehorsam. „Er erniedrigte sich und ward gehorsam bis zum Tode, ja bis zum Tode am Kreuz. Darum hat Gott ihn auch so hoch erhoben und ihm den Namen gegeben, der über alle Namen erhaben ist: Im Namen Jesu sollen sich aller Knie beugen im Himmel, auf Erden und unter der Erde. Alle Zungen sollen zur Ehre Gottes des Vaters bekennen: Jesus Christus ist der Herr“

(Phil 2, 8b–11). Das Leben des Herrn war ein ununterbrochener Gehorsam, der sich in einzelnen Akten besonders offenbarte. Er war begründet in seinem Sohnverhältnis zum Vater. Für das Kind ist der Gehorsam keine Tugend, sondern ein Existential. Es erfährt sich in seinem Gehorsam als Teil seines Vaters, indem es sich mit dessen Willen vollkommen identifiziert. Jeder kindliche Gehorsam geschieht in Liebe. Das Kind liest dem Vater den Willen von seinen Augen ab und kommt seiner Aussprache durch den Vollzug zuvor. Die Konflikte beginnen erst, wenn das Kind mehr und mehr zur Selbständigkeit erwacht und seinen eigenen Willen entdeckt.

Jesus Christus erweist seinem Vater immer einen „kindlichen“ Gehorsam, der seine tägliche „Speise“ ist. Es ist seine „Speise“, den Willen dessen zu tun, der ihn gesandt hat (vgl. Joh 4, 34). Der Gehorsam des Herrn war ein Ausdruck seiner Liebe und seines Vertrauens zum Vater. Wir müssen völlig umdenken, wenn wir vom Gehorsam des Herrn sprechen, weil nach unserer Vorstellung Gehorsam etwas zu tun hat mit Unterwürfigkeit, mit Aufgabe seines eigenen Willens, mit Unselbständigkeit. Wir sprechen von einem Gehorsam mit geballter Faust, mit der Faust in der Tasche, militärisch von einem Kadavergehorsam. Ein solcher Gehorsam ist des Menschen unwürdig. Er wird erzwungen. Der Mensch muß der Gewalt weichen.

Es ist nicht so, als ob Jesus Christus keinen eigenen Willen gehabt habe. Er besaß als Mensch alle geistigen Fähigkeiten in einer vollkommeneren Weise als ein jeder von uns. „Mit Menschenhänden hat er gearbeitet, mit menschlichem Geist gedacht, mit einem menschlichen Willen hat er gehandelt, mit einem Menschenherzen geliebt“ (Pastoralkonstitution über die Kirche in der Welt von heute, Art. 22). Die Schrift schildert uns eine Situation, in der dieser menschliche Wille aufstand gegen den göttlichen Willen seines Vaters. Am Ölberg, wo Jesus die Agonie überfiel wegen des Zornesbechers, den er für die Schuld der Menschheit zu trinken hatte, betet er aus todwunder Seele: „Mein Vater, wenn dieser Kelch nicht vorübergehen kann, ohne daß ich ihn trinke, so geschehe dein Wille“ (Mt 26, 42). Dreimal spricht der Herr diese Worte und fällt dabei zu Boden, um seiner Bitte einen größeren Nachdruck zu verleihen. Der Vater erhört die Bitte in dem Sinne, daß er seinem Sohn einen Engel schickt, der ihn stärkt (vgl. Lk 22, 43), aber nicht in dem Sinne, daß er ihm etwas vom Kelch erspart. Paulus beschreibt uns den Gehorsam Jesu gerade mit Rücksicht auf diese Szene als einen Lernprozeß. „Obschon er der Sohn Gottes war, lernte er an seinem Leiden den Gehorsam kennen“ (Hebr 5, 8).

In der Bitte des Herrn um Abwendung des Kelches sind drei Momente besonders zu bedenken. Zunächst die Anrede „Vater“. So spricht der Sohn auch in der Todesagonie. Dann folgt ein Konditionalsatz „wenn es möglich ist“. Der Sohn betet nicht absolut. Die Bitte schließt mit der Anerkennung des

Willens seines Vaters, den er an sich geschehen lassen will. Der Sohn stellt sich dem Willen seines Vaters wie einem unabwendbaren Geschehen. Es kommt nicht so sehr darauf an, daß wir den Willen des Vaters tun. Wichtiger ist, daß wir ihn an uns geschehen lassen. Darum lautet die Bitte im Vaterunser: „Dein Wille *geschehe wie* im Himmel *so* auf Erden." Der Sohn liefert sich dem bevorstehenden Geschehen aus und erkennt in diesem Geschehen den Willen seines Vaters. In der „Geschichte" unseres Lebens offenbart sich der Wille Gottes.

Wir verehren den Gehorsam des Sohnes besonders in den Kartagen der heiligen Woche, in der wir sein Leiden und seinen Tod liturgisch begehen. Nach der älteren Liturgie wurde im Breviergebet in den drei letzten Tagen der Karwoche nach jeder Hore die Antiphon gebetet: „Christus ist für uns gehorsam geworden bis zum Tode." Am Karfreitag wurde diese Antiphon erweitert um den Zusatz" ... ja, bis zum Tod am Kreuze." Karsamstag kamen die Worte hinzu: „Darum hat ihn auch Gott erhöht und ihm einen Namen gegeben, der über alle Namen ist." Das Wort aus dem Brief an die Philipper wird hier in seiner Steigerung antiphonarisch gegliedert. Damit ist der Sinn des Lebens Jesu auf eine kurze Formel gebracht.

Die Schrift betont weniger das Leiden als den Gehorsam im Leiden. Dieser Gehorsam hat eine erlösende Funktion. Er überwiegt allen menschlichen sündigen Ungehorsam. „Denn wie durch den Ungehorsam des einen Menschen die vielen zu Sündern geworden sind, so werden durch den Gehorsam des einen die vielen zu Gerechten ... Wo aber die Sünde zugenommen hatte, wurde die Gnade überschwenglich" (Röm 5, 19–21). In jeder Sünde behauptet der Mensch sich selbst und setzt seine Selbstherrlichkeit gegen die Herrschaft Gottes. Jede Sünde ist also ein Akt des Ungehorsams. Dazu ist jede Sünde ein Mangel an Gottesliebe, in etwa eine Entgegnung auf diese Liebe. Darum liegt im Liebesgehorsam des Sohnes unsere Versöhnung mit Gott. Kein Mensch ist in der Lage, auch nur für die geringste Sünde Gott eine adäquate Sühne anzubieten und sich dadurch mit Gott zu versühnen, das heißt versöhnen. Nicht wir versöhnen uns mit Gott. Er versöhnt uns durch den Tod und die Auferstehung seines Sohnes mit sich. Aus dieser Versöhnungstheologie heraus erklärt sich die neue Absolutionsformel bei der Spendung des Bußsakramentes. Sie beginnt mit dem Satz: „Gott, der barmherzige Vater, hat durch den Tod und die Auferstehung seines Sohnes die Welt mit sich versöhnt."

Nach diesen Überlegungen wird uns verständlich, warum Franziska so sehr den Gehorsam betonte und lebte. Sie sieht das Gelübde des Gehorsams ganz im Licht des Gehorsams Jesu Christi. Nichts ist ihr wichtiger als der Gehorsam. „Der Gehorsam geht über alles"[66]. Sie übt ihn zunächst selbst, indem sie Krankheit, Leiden, Widerwärtigkeiten, Enttäuschungen, Sterben an sich geschehen läßt. Das Leben ist ja auf weiten Strecken hin ein Geschehen, über das wir nicht aktiv verfügen können, das unsere passive Verfügbarkeit verlangt. Wir werden gelebt. Wie die Selige über sich verfügen läßt, bekennt sie mit folgenden Worten: „Überlassen wir uns ganz dem Herrn, auf daß er uns ganz bearbeitet durch Widerwärtigkeiten, Versuchungen, geistliche Trockenheit und Widerwillen. Bleiben wir nur immer gottergeben und voll des Vertrauens auf den Herrn. Je mehr wir unsere Schwäche fühlen, um so mehr soll unser Vertrauen auf den Allmächtigen wachsen. Also Mut und Vertrauen! Der Herr macht es mit unseren Seelen, wie der Bildhauer mit einem Stück Holz: er behaut es, er schnitzt daran, hobelt, feilt, poliert, ja vergoldet es gar. In gleicher Weise formt der göttliche Heiland uns nach seinem Bilde. Laß ihn nur arbeiten, ja, freue dich dessen, wenn du fühlst, daß er dich recht in der bildenden Hand hat“[67].

Franziska erkennt klar, daß Gottes Tun an uns wichtiger ist als unser eigenes Tun. Sie veranschaulicht den Gehorsam als ein Geschehen Gottes an uns mit bekannten Bildern und Vergleichen. Bei einer anderen Gelegenheit zieht sie das Bild von der „Feile“ weiter durch. Während der Exerzitien hatte eine Schwester der Mutter einiges mitgeteilt, was ihr besonders schwerfiele. Sie hoffte von ihr eine Erleichterung. Gegen ihre Erwartung aber sagte Franziska nur die Worte: „Du sollst diese Feile an dir arbeiten lassen, liebe Schwester!“ Dann wurde sie entlassen. Die Schwester hatte begriffen, für diesen Fall wie auch für andere Fälle, daß alle

Dinge, besonders die widrigen, eine Feile in der Hand Gottes sind[68].

Ähnliche Bilder für den passiven Gehorsam kennt unsere Zeit. Von Konrad Ferdinand Meyer stammt das Wort: „Bildhauer Gott, schlag zu, ich bin der Stein." Den Geschehnissen Gottes gegenüber hat der Mensch nur eine Aufgabe, still zu halten, nicht „davonzulaufen", sondern unter der Hand Gottes zu bleiben, zu dulden, ge-duldig zu sein. Ein anderes Wort, dessen Autor mir unbekannt ist, lautet: „In jedem Klotz steckt ein Kunstwerk, in jedem Menschen ein Heiliger, wenn nur der Künstler den Klotz bearbeitet, wenn nur Gott uns in die Hand nimmt." Gott nimmt uns alle in die Hand. Es kommt nur darauf an, daß wir uns in die Hand nehmen lassen. Jeder Mensch hat die Möglichkeit, sich mit seinem freien Willen den Händen Gottes zu entziehen und seinem eigenen Willen zu folgen. Gottes Wille ist unsere Heiligkeit, die uns in dem Maße der Christusförmigkeit zuteil wird. „Wenn wir alt werden, haben wir nur eines zu bereuen: daß wir uns nicht genug hingegeben haben. Wer leben will, muß sich zum Opfer bringen"[69]. Noch ein letzter viel zitierter Vergleich sei genannt: Der Amboß. Kardinal von Galen hat während der Zeit des Dritten Reiches diesen Vergleich auf sich und die deutschen Christen bezogen. Hitler und die Männer um ihn schlugen auf die Kirche und ihre Repräsentanten zu. Sie hatten nur die eine Möglichkeit, diese Schläge auszuhalten. Kardinal Mindszenty bediente sich desselben Sinnbildes, um seine Situation und die der ungarischen Kirche zu charakterisieren. Als Junge hatte er öfter den Dorfschmied besucht, wobei er sein Augenmerk weniger auf den Hammer als auf den Amboß richtete, der nicht zurückschlagen konnte, aber mit jedem Schlag härter und widerstandsfähiger zu werden schien. Dieses Bild hatte er auch als Kardinal noch nicht vergessen. Er sprägte das Wort: „Je härter der Hammer, desto fester der Amboß“[70]. Dieses Wort prägte sich den Katholiken Ungarns ein. Die schönste Formulierung dieses Symbols habe ich bei Hilda Sandtner gefunden. „Ich bin der Amboß in der Tiefe des Abgrunds, der Amboß Gottes, der mich leiden läßt, weil er mich liebt, ich weiß es wohl. Der Amboß Gottes in der Tiefe des Abgrunds! So sei es denn. Es ist ein schöner Platz, um Gottes Widerhall zu sein“[71]. Franziska wurde im gehorsamen „Fiat“ der Widerhall Gottes.

Das Geschehenlassen stellt einen Wesenszug im Leben der Seligen dar, sofern sie in dem Geschehen den Willen Gottes erkannte. In Schwierigkeiten sagte sie: „Das ist Zulassung Gottes. Demütigen wir uns unter seine Hand und ertragen wir die Schwierigkeiten mit Selbstverleugnung“[72]. Ihr Vertrauen zu Gott war grenzenlos, mochte geschehen, was wollte. „Bei allen Gelegenheiten sagte sie: ‚Es war der Herr‘ “[73]. Dieses Wort hat seinen Ursprung im Alten Testament (1 Sam 3, 15–18). Hier offenbart Samuel dem Heli, was Gott mit ihm vorhat, weil dieser das gotteslästerliche Verhalten seiner Söhne nicht genügend gerügt und gestraft hatte.

Nachdem Samuel Heli das ganze Unheil geschildert hatte, das über sein Haus hereinbrechen würde, antwortete Heli: „Es ist der Herr, ER tue, was ihm wohlgefällt." Heli stellt keine Fragen. Er beklagt sich nicht darüber, daß anscheinend die angedrohte Strafe über seine Schuld hinausgeht. Er betet die Ratschlüsse Gottes, auch wenn sie sein Unheil sind, mit den Worten: an: „Es ist der Herr."

Mit dem Kulturkampf traf Franziska manches Unheil. „Wir hatten im Sandkaulbach zu Aachen ein Haus, wo stellensuchende Dienstmädchen aufgenommen wurden. Wegen der Schwierigkeiten, die der Kulturkampf mit sich brachte, mußte das Haus 1876 geschlossen werden. In diesem Haus war ich, Schwester Dolorosa Gilessen, stationiert. Wir waren alle überrascht, mit welcher Ruhe und Ergebung die Mutter die Schließung des Hauses ertrug, während wir Schwestern darüber entsetzt waren. Als die Mutter mir meine Versetzung nach Köln, Marienhospital, mitteilte, sprach sie ganz bewegt über die zu geringe Zahl der Schwestern, die in diesem Krankenhaus wären. Zu meinem Erstaunen erwähnte sie dabei nicht einmal die Aufhebung des Mägdehauses, so daß man gut bemerken konnte, wie groß ihre Ergebung in den Willen Gottes war"[74].

Das Schwerstes, was an uns geschieht, ist das Sterben, das ein alltäglicher Prozeß ist. Der Prozeß des täglichen Sterbens kann sehr viele Formen annehmen; eine Form, die uns alle trifft, ist das Altern. Dieser Prozeß endet mit dem Tod. Es ist so, wie es Paul Valéry einmal formuliert hat: „Der Tod dauert das ganze Leben an. Aller Vermutung nach hört er auf, sobald er eintritt.“ Franziska läßt das tägliche Sterben und den definitiven Tod mit aller Gelassenheit an sich geschehen. Sie spürt die Nähe des Todes im Herbst des Jahres 1870, als sie bei der Betrachtung der von den Bäumen fallenden Blätter sagte: „Siehst du? Das ist ein Bild unseres Lebens; noch ein wenig und auch wir werden den Weg alles Irdischen betreten und sterben. Es ist um uns herum allmählich schon so viel abgefallen, daß wir dastehen wie ein entblätterter Baum“[75]. Sie starb nach der Operation eines eingeklemmten Bruches, der schon brandig war. „Die Mutter war ergeben wie ein Lamm, während man die Operation vorbereitete“[76]. Die Haupteigenschaften, auf die es in der Symbolik des Lammes ankommt, „sind Einfalt, Unschuld, Sanftmut und geduldiges Schweigen beim Scheren und Schlachten“ (vgl. Jes 53)[77]. Franziska besitzt gerade in ihrem Leiden und Sterben die Frömmigkeit des „Lammes“. Sie stellt ihr Sterben unter das Kreuz[78]. „In ihrer Todesstunde ertrug sie die Leiden sehr geduldig, obschon die Schmerzen übergroß waren“[79].

b) Mit dem aktiven Gehorsam

Der Wille Gottes will aber nicht nur passiv erlitten, er will auch aktiv getan werden. Franziska lebt diesen aktiven Gehorsam zunächst den Geboten Gottes gegenüber. „Die Liebe bekundet sich durch

Werke. Nicht wer sagt: ‚Herr, Herr, ist es, der mich liebt, sondern wer den Willen meines Vaters tut, der ist es, der mich liebt.' Und der heilige Johannes: ‚Das aber ist die Liebe zu Gott, daß wir seine Gebote halten' "[80].

Sie übte nicht weniger den ekklesialen Gehorsam. „Jede Entscheidung der kirchlichen Autorität war ihr heilig. Priester und Beichtvater achtete sie hoch. Abfällige Reden über sie duldete sie nicht. An erster Stelle verehrte sie den Heiligen Vater. Sie schickte des öfteren Geschenke nach Rom. Der Heilige Vater schickte ihr einen Brief und ein Käppchen. Bei Papstfeierlichkeiten hielt sie auch im Mutterhaus einen großen Festtag ab"[81]. „In allem, was es gab, beobachtete die Mutter vollkommenen Gehorsam der weltlichen und geistlichen Obrigkeit"[82]. Sie war bemüht, sich das Wort des Herrn zu eigen zu machen: „Meine Speise ist es, den Willen meines Vaters zu tun, der mich gesandt hat" (Joh 4, 34). Kurz vor Weihnachten 1860 schrieb sie in ihr Notizbuch: „Die treue Erfüllung deines heiligsten Willens ... sei meine tägliche Speise von nun an"[83]. Sie ging ihren Schwestern in allen Punkten, zumal im Gehorsam, mit bestem Beispiel voran. Weil sie selbst den Gehorsam so vorbildlich lebte, lehrte sie ihn auch so eindringlich. „Gehorsam aus Liebe, das ist das Opfer, welches der Herr von uns verlangt. In diesem ausgedehnten Gehorsam ist natürlich die Beobachtung der heiligen Armut und aller übrigen Ordensverpflichtungen einbegriffen"[84]. Der Gehorsam ist für sie die wesentlichste Tugend im Kloster. Sie geht dabei von der fragwürdigen Voraussetzung aus, daß der Wille Gottes sich in der heiligen Ordensregel unbedingt offenbare und fast ebenso in den Anordnungen der Vorgesetzten. Es gibt für sie keinen dialogischen Gehorsam. Sie will auch in diesem Punkt ihrem Namen alle Ehre machen und sich als echte Franziskanerin vom heiligen Franziskus inspirieren lassen. „Zur Erfüllung der Gelöbnisse, welche wir Gott gemacht, ist nun vor allem nötig, daß wir uns als wahre, echte Kinder des heiligen Gehorsams bewähren, zur Nachfolge unseres heiligen Vaters Franziskus, der von sich aussagen konnte, daß, durch die Gnade Gottes, er so gerne dem jüngsten Novizen, wenn er ihn zum Oberen bestellen würde, Gehorsam leisten und Ehrfurcht erzeigen wolle, wie dem Ältesten im Orden, ja zur Nachfolge unseres göttlichen Heilandes selbst, der gehorsam geworden bis zum Tod am Kreuze“[85].

Sie setzt sich am intensivsten in ihren Notizbüchern für den Gehorsam ein. Hier stellt sie die Frage und gibt auch die Antwort: „Was ist Gottes Wille für uns? Das Leben nach der heiligen Regel und den Satzungen und den besonderen Anforderungen unserer Vorgesetzten.“ Heute würde es wohl keine Vorgesetzte mehr wagen, ihren Willen mit dem Willen Gottes zu identifizieren, und keine Schwester würde diese Identität akzeptieren. Trotzdem läßt sich der Gehorsamsbegriff, wie ihn eine Franziska lehrte, verteidigen, wenn wir an die erlösende Qualität denken, die jedem Gehorsam innewohnt.

„Der Gehorsam“, so führt sie in dem Notizbuch weiter aus, „ist gleichsam die Mutter aller Tugenden, die wir ausüben. Alle Verpflichtungen, wozu uns der Orden anhält, sind eigentlich im Gehorsam enthalten. Der Gehorsam ist die Hauptübung des Ordenslebens, ja eigentlich die einzige, weil in demselben alle anderen Übungen begriffen sind. Der Gehorsam opfert und heiligt dem Herrn seine Seele mit all ihren Kräften, und da Gott sich an Großmut nicht übertreffen läßt, erhält der Gehorsam auch jenseits alles von ihm. Man wird durch den Gehorsam heilig und gleichsam unsündlich. In der Vereinigung unseres Willens mit dem göttlichen besteht die Heiligkeit. Wo das vollständig und in der vollkommenen Weise geschieht, da ist auch leuchtende Heiligkeit. Unsündlich: Wer in allem, was nicht Sünde ist, seinen Vorgesetzten gehorcht, kann nimmermehr Gott beleidigen.“

Sie motiviert den Gehorsam material mit dem Hinweis auf den Willen Gottes, mit dem die Schwestern durch die heilige Regel und die Anordnungen ihrer Vorgesetzten konfrontiert werden. Sie wagt folgende Parallele zu ziehen. Einer Schwester, der ein Opfer schwerfiel, sagte sie: „Wenn der göttliche Heiland in Person dir erscheinen und ein Opfer von dir verlangen würde, könntest du ihm dies wohl verweigern? O Nein! ... Nun sieh, in dem, was der Gehorsam von dir fordert, spricht sich der Wunsch und der Wille des Heilandes ebenso klar und sicher aus“[86]. Noch konkreter ist der Hinweis, den sie ihren Schwestern vor ihrer ersten

Reise nach Amerika als Ermahnung im Rundschreiben Nr. 10 gibt: „In der Person der Vorgesetzten Christum, den Herrn, erkennen und darum gern und freudig in heiliger Weise gehorchen.“ Offenbart sich im Willen der Vorgesetzten immer der Wille Christi? Wie oft können sich tatsächlich im Willen der Vorgesetzten der eigene Wille, Herrschsucht, Selbstherrlichkeit, Abneigung gegen die andere Schwester, Uneinsichtigkeit, aussprechen! Die Anordnungen der Vorgesetzten sollten sachgerecht, seinsgemäß und persongemäß sein. Bisweilen sind sie das Gegenteil, weil es an einer entsprechenden Ausbildung (theologisch, pädagogisch, psychologisch) mangelt. Die Selige scheint diese Mängel bei den Vorgesetzten nicht zu sehen. Darum zieht sie den obigen Vergleich aus und drängt auf die Gesinnung eines „willen- und urteilslosen Gehorsams“[87]. Ein solcher Gehorsam schaltet das Denken aus und führt notwendig zur Verkürzung und Verstümmelung der fraulichen Persönlichkeit im Kloster. Die Kirche verlangt den Offenbarungswahrheiten gegenüber ein „rationale obsequium“, einen „vernünftigen Gehorsam“ (D. 1637). Klösterlicher Gehorsam dürfte kein „sacrificium intellectus“, kein „Opfer des Denkens“ fordern.

Franziska motiviert den Gehorsam formal mit dem Hinweis auf den Gehorsam des Herrn im Geist seiner Nachfolge. Sie pflegte zu sagen: „Wenn dir der Gehorsam schwer wird, dann denke, daß der Sohn Gottes seinen Henkern und Mördern Gehorsam geleistet hat“[88]. Aber der Herr gehorcht nicht Henkern und Mördern, er gehorcht in dem blutigen Geschehen dem himmlischen Vater.

Das dritte Motiv des Gehorsams ist sein Ziel: Sühne für den sündigen Ungehorsam der Menschen. Alle Erniedrigung, die im Gehorsam, zumal in einem unwürdigen und unmenschlichen Gehorsam liegen kann, empfängt von dort her ihre Begründung und Berechtigung.

Es ist nicht von ungefähr, daß Franziska immer wieder auf den Gehorsam zu sprechen kommt, weil er das Herzstück des Ordenslebens ist. Die christologische Begründung des Gehorsams ist zweifellos die einzig richtige. Diese finden wir auch im Zweiten Vatikanum, das aber den traditionellen Gehorsamsbegriff korrigiert. Im Ordensgehorsam nehmen die Ordensleute teil an der erlösenden Liebe Christi, in der er, der Sohn Gottes, „sich erniedrigte und gehorsam wurde bis in den Tod" (Phil 2, 8). „Diese Entäußerung befolgen die Ordensleute nachdrücklicher und erweisen sie deutlicher, indem sie auf den Eigenwillen verzichten, das heißt, sie unterwerfen sich einem Menschen um Gottes willen in allen Dingen der Vollkommenheit über das Maß des Gebotes hinaus, um sich dem gehorsamen Christus gleichzugestalten" (Konstitution über die Kirche, 42, 4). Das Konzil hält daran fest, daß die Vorgesetzten „Gottes Stelle vertreten, nach dem Beispiel Jesu Christi, der in die Welt kam, um den Willen des Vaters zu erfüllen (vgl. Joh 4, 34; 5, 30; Hebr 10, 7; Ps 39, 9) und in der Annahme der Knechtsgestalt (Phil 2, 7) aus seinem Leiden den Gehorsam lernte" (Dekret über die zeitgemäße Erneuerung des Ordenslebens, 14). Den Oberen wird daher eingeschärft, daß sie zum Dienst an allen Brüdern und Schwestern in Christus bestellt sind, wie auch Christus selbst wegen seiner Unterwerfung unter den Vater den Brüdern *diente.* Die Oberste ist insofern immer die Unterste, die sich zunächst ganz unter Gott stellt, um seinen Willen zu erfahren, die aber auch in und unter der Gemeinschaft steht, um deren Sorgen, Fragen, Probleme kennenzulernen und darauf antworten zu können. Die Obern „sollen in der Erfüllung ihres Amtes auf den Willen Gottes hinhorchen und ihre Vollmacht im Dienst an den Brüdern ausüben, so daß sie die Liebe, mit der Gott jene liebt, zum Ausdruck bringen. Sie sollen ihre Untergebenen als Kinder Gottes und in Achtung der menschlichen Person leiten und deren freiwillig Unterwerfung fördern." Der Gehorsam ist also viel mehr ein Problem der Vorgesetzten als der Untergebenen. Wo die Vorgesetzten sich die Weisungen des Dekrets zu eigen gemacht haben, werden die ihnen anvertrauten Schwestern „in der Ausübung ihrer Ämter und in der Durchführung der ihnen übertragenen Aufgaben in *aktivem* und *verantwortlichem* Gehorsam mitarbeiten." Das Dekret will, daß alle Ordensleute bei der „Ausführung dessen, was angeordnet ist, und in der Erfüllung der ihnen anvertrauten Aufgaben mit ihrer eigenen Einsicht und ihrem Willen dabei sind, die Gaben der Natur und Gnade einsetzen ... So führt der Ordensgehorsam, weit entfernt, die Würde der menschlichen Person zu mindern, diese durch die größer gewordene Freiheit der Kinder Gottes zu ihrer Reife." Nach dem Dekret sollen die Schwestern bereitwillig angehört und ihr Mitplanen zum Wohl des Institutes und der Kirche gefördert werden. Hier sind in einer sehr vorsichtigen Weise das demokratische Prinzip und ein dialogischer Gehorsam angesprochen. Jedenfalls ist die Zeit der Alleinregierung in den Orden wie auch der geheimen Kabinettsitzungen vorbei. Es ist gerade heute zu betonen, „daß das Gespräch mit den Untergebenen, mit dem Einzelnen, mit den Räten und mit der Gemeinschaft ein wesentlicher und unersetzlicher Faktor für die Findung des Willens Gottes ist"[89].

Franziska vertritt den Gehorsam, ihrer Zeit entsprechend, noch in der alten überlieferten, durch das Zweite Vatikanum aber überholten Form. Wenn wir an die drei Motive denken, mit denen sie den Gehorsam begründet und die heute noch ebenso gültig sind, können wir verstehen, warum sie einen solchen Nachdruck auf den Gehorsam legt, ihn an die Spitze der Gelübde stellt, ja mehr noch in ihm die Konzentration aller Gelübde erblickt. Sie sieht im Gehorsam ein Zeichen für die Echtheit einer Berufung. Wo eine Schwester sich in diesem Punkt überfordert fühlt, soll sie gehen. „Wer sich nicht vollständig zu unterwerfen vermag, muß daher entweder freiwillig austreten oder ausgeschieden werden", schreibt sie anläßlich der Zulassung der Schwestern zur ewigen Profeß[90]. Verstöße gegen

den Gehorsam verurteilt sie mit unnachgiebiger Strenge und Härte. „Es stand eine Einkleidung vieler Postulantinnen bevor, und die mit der Anfertigung der Ordenskleider für die Novizen beauftragte Schwester hatte aus Besorgnis, mit der Arbeit nicht fertig zu werden, von der Mutter die Erlaubnis erhalten, über die gewöhnliche Zeit hinaus bis 10 Uhr abends die Arbeit fortsetzen zu dürfen. Nun hatte die Mutter noch um 11 Uhr Licht im Arbeitszimmer gesehen und erkundigte sich am folgenden Morgen, ob die leitende Schwester aus Vergeßlichkeit oder mit Bedacht die festgesetzte Zeit überschritten habe. Diese gestand, daß sie, da die Arbeit so flott gegangen wäre, sich der vorausgesetzen Erlaubnis bedient hätte, noch eine Stunde zuzusetzen. Sofort ließ Mutter Franziska sich die Arbeit des vorigen Abends bringen und begann in Gegenwart aller Schwestern, das Genähte aufzuschneiden, so emsig, daß sie mehr auftrennte als in jener Stunde genäht worden war. Als ihre Assistentin, die gute Schwester Johanna, auf das Übermaß aufmerksam machte, fuhr die Mutter doch fort, die Nähte aufzuschneiden, und sagte: ‚Besser mehr aufzutrennen, als daß ein Stich stehen blieb, der für *den Teufel* genäht worden ist‘ “[91].
„Als einmal eine Schwester sich im Schuldkapitel anklagte, daß sie ohne Erlaubnis in die Zelle gegangen sei, sagte die Mutter: ‚Lieber hätte ich gehört, daß du einen Arm oder ein Bein gebrochen hättest, als daß du eine Regelvorschrift so leicht übertretest. Wenn du wüßtest, wieviel Tränen und

schlaflose Nächte mich die Regel gekostet hat“[92]. Franziska verlangte speziell der heiligen Regel gegenüber diesen treuen Gehorsam, weil die Regel mit Berufung auf Franziskus fast nur aus Worten der Schrift bestand. Ein Verstoß gegen die Regel war ein Verstoß gegen das Wort, und damit gegen den Willen Gottes und darum Sünde. „Franziskus wurde ... vom Himmel belehrt, daß die Regel, welche er bestätigt zu haben wünschte, und welche nur aus Worten der Schrift bestand, abgekürzt und in eine gehörige Ordnung gestellt werden sollte“[93]. Franziska bestand zu sehr auf einen buchstäblichen Gehorsam der heiligen Regel und übersah, daß der Buchstabe töten kann, und der Geist es ist, der lebendig macht. Trotzdem kann man ihr nicht nachsagen, daß sie einen absoluten Gehorsam verlangte. Sie ließ mit sich reden und konnte bei Widerspruch schweigen (vgl. S. 58). Zudem wird ihr das Zeugnis ausgestellt: „Sie verlangte Gehorsam, jedoch immer unter Berücksichtigung des Charakters der einzelnen Schwestern“[94]. Sie strebte also nicht nur einen generellen, sondern auch einen individuellen Gehorsam an. Ihre Güte brachte es nicht übers Herz, daß eine Schwester am Gehorsam zerbrach. Ihre Güte konnte so großzügig sein, daß sie Schwestern am Karfreitag vom Fastengebot dispensierte. Das wundert uns um so mehr, als sie hier ihre eigene Kompetenz überschritt und sich kirchliche Vollmachten zulegte, obwohl sie gerade der Kirche gegenüber auf unbedingten Gehorsam bedacht war. Eine Schwester berichtet uns: „Ich war im Backhaus beschäftigt. Mein Vater war nämlich Bäcker. An den Tagen, da wir backen mußten, gestattete die Mutter nicht, daß wir fasteten. Nicht einmal am Karfreitag, weil das Brotbacken eine so schwere Arbeit war. Um 9 Uhr morgens mußten alle, die im Backhaus waren, ein gutes Butterbrot essen gehen"[95]. Aber Franziska hatte bei der Aufhebung des Fastens am Karfreitag kein gutes Gewissen. Sie gestand den Schwestern: „Ich glaube, ich werde im Fegfeuer bleiben müssen, weil ich zu gutherzig bin"[96]. Dieser den Backschwestern abverlangte Gehorsam ist aber für ihre Seligsprechung nicht ins Gewicht gefallen. Sie konnte, so sehr sie auch das Fasten betonte, wie wir noch sehen werden, auch den Grundsatz vertreten und verwirklichen: Der Mensch ist nicht für Gebote da, sondern die Gebote für den Menschen. Sie läßt sich hier aus ihrer Liebe heraus von einer Situationsethik leiten, in der durch die jeweilige Situation absolute Normen ihre Gültigkeit verlieren.

III. Ihre Proexistenz nach dem Herrn

Mit der vollkommenen solidarischen Koexistenz Christi, weil er der Immanuel, der „Gott mit uns" geworden ist, verbindet sich seine Proexistenz, sein Dasein für uns. Jesus Christus ist die konkrete Verwirklichung und „Erscheinung" des Namens Gottes am Berge Horeb. Er hatte sich Mose gegenüber offenbart mit der Nennung seines Namens: „Ich bin, der ich bin da"[97]. Mit dem Namen offenbart Gott sein Wesen. Die Übersetzung „Ich bin, der ich bin da" wirft die Frage auf, für wen denn Gott da ist. Er ist zunächst für sein auserwähltes Volk da. Darum ist dieses Volk auch „sein Volk". Der Prophet Hosea bekommt den Auftrag, sich eine Buhlerin zur Frau zu nehmen und mit ihr ein Kind zu zeugen. „Sie gebiert einen Sohn, dem er den Namen ‚Nicht-mein-Volk' geben soll. Denn ihr seid ‚Nicht-mein-Volk', und ich bin der ‚Ich-bin-nicht-da' für euch" (Hos 1, 9). Das Volk Israel hatte sich durch den Götzendienst von Gott abgewandt, und nun wendet sich Gott von diesem Volk ab und verwirklicht nicht mehr seinen Namen an ihm. Das Dasein Gottes für ein Volk und für einen Menschen bestimmt letzten Endes den Grad des Daseins eines Volkes und eines Menschen für Gott. Wie total und universal Gott da ist für die Welt und den Menschen, zeigt er uns in Jesus Christus. Dieser greift den Namen Gottes auf und beansprucht ihn für sich. Das geschieht in allen „Ich-bin“-Aussagen. „Ich bin das lebendige Brot“ (Joh 6, 51). „Ich bin das Licht der Welt“ (Joh 8, 12). „Ich bin der gute Hirt“ (Joh 10, 12). „Ich bin der Weg“ (Joh 14, 6). „Ich bin der Weinstock“ (Joh 15, 5). „Ich bin die Wurzel und der glänzende Morgenstern“ (Offb 22, 16). „Die beigefügten Prädikationen wollen nichts anderes sein denn die Entfaltung dieses ‚Ich-bin‘ “[98].

Alle Prädikate haben mehr oder weniger eine relative Bedeutung. Brot, Licht und Weg haben in sich keinerlei Existenzberechtigung. Ihr Sinn besteht ausschließlich in ihrem Dasein für den Menschen. Brot ist zum Essen, Licht zum Leuchten, Weg zum Gehen da. Die „Ich-Bin“-Aussagen drücken bildhaft den radikalen Bezug Jesu auf den Menschen hin aus. Er ist der „Gott der Menschen“. Wo der Herr diesen Bezug verleugnen würde, würde er sich selbst untreu. Das Dasein Gottes für uns in Jesus Christus bezeichnen wir als seine „Proexistenz“. Aber diese Proexistenz intendiert immer das Heil des Menschen. Sie ist soteriologisch orientiert und bestimmt. Vielleicht darf man sagen, daß diese soteriologische Proexistenz das entscheidende Merkmal an der Existenz des Herrn überhaupt ist. Gerade diese Proexistenz, die ihn sein Leben für seine Freunde und Feinde hingeben läßt, die ihn bewegt, sich uns unter den Gestalten des Brotes und des Weines als Speise zu geben, ist die markanteste Offenbarung seiner Gottheit. Mit dem Wort Christus „Für-uns“ ist ein „Stichwort angeklungen, das man ein Schlüsselwort der apostolischen Christuspredigt und des apostolischen Eucharistieverständnisses nennen kann“[99]. Heinz Schürmann ist zuzustimmen, wenn er glaubt, der proexistente Christus sei die Mitte des Glaubens von morgen.[100]

Das Dasein für andere nach dem Vorbild des Herrn scheint mir im Leben der Seligen der Hauptzug zu sein. Sie hatte sicherlich keine Ahnung von den theologischen Hintergründen, die eben aufgezeigt worden sind, aber sie wäre keine echte Jüngerin des Herrn gewesen, wenn sie bei der Betrachtung des Lebens Jesu diesen Zug übersehen und nicht in ihr Leben integriert hätte.

Ihr Dasein für andere ist immer ein Dasein für die Armen aller Schattierungen. „Arm“ ist ein weiter Begriff. Es gibt materiell Arme, leiblich Arme, Krüppel und Kranke, es gibt geistlich-geistig Arme, die Sünder. Diese dreifache Armut schließt eine Steigerung in sich. Die Steigerung der Armut bedingt auch eine Steigerung ihrer Proexistenz.

1) Ihre Proexistenz für die materiell Armen

Ihr Einsatz für die Armen datiert schon aus ihrer frühen Kindheit. Die alte treue Dienerin des Hauses und Wärterin aller Kinder war hierüber oft unzufrieden und brummte bisweilen: „Das Kind schleppt uns noch alles zum Haus hinaus“[101]. Ihr Grundsatz lautete: „Erst den Magen, dann die Seele“[102]. Diesen Grundsatz hämmerte sie ihren Schwestern ein.

Es ging ihr zuerst um eine natürliche Befreiung und Erlösung, um die Erlösung von der Knechtschaft der Armut. Die Gnade setzt ja immer die Natur voraus. Es gibt eine „institutionalisierte Sünde", nämlich da, wo der Mensch durch eine strukturell abgesicherte Ungerechtigkeit ausgebeutet wird. In der „Dritten Welt" bestimmt vielfach der Reiche als Arbeitgeber das soziale, menschenunwürdige Niveau des Arbeitnehmers, der als Objekt im Dienst des Unternehmens und der Unternehmer steht[103]. Franziska weiß, daß Reichtum verpflichtet, und läßt sich den Armen gegenüber von der „iustitia distributiva", von der austeilenden Gerechtigkeit leiten. Dabei geht sie nicht kleinlich vor. „Mit einer Kleinigkeit kann man den Leuten nicht helfen"[104]. „Es hieß nur immer: Mutter Franziska gibt mit vollen Händen. Wenn sie nichts mehr hat, vertraut sie darauf, daß Gott ihr bald etwas schickt"[105]. „Man mußte förmlich auf seiner Hut sein und im Gespräch alles vermeiden, was auf Bedürfnisse anderer hindeutete. Einmal fiel im Gespräch mit ihr die Rede auf ein armes, tugendhaftes Mädchen, welches aus Mangel an Mitteln nicht dazu kommen konnte, ihrem Beruf, in ein beschauliches Kloster zu treten, zu folgen. An demselben Tage schickte sie der Person 3 000 Taler"[106]. Sie persönlich legte aber keinen Wert darauf, daß jemand Geld ins Kloster brachte. Wo sie spürte, daß eine Postulantin auf ihr Geld pochte und darin ein Motiv für ihre Aufnahme sah, wurde sie zurückgewiesen. „Eine Person, welcher die Aufnahme schon zugesagt war, ohne daß ihre Vermögensverhältnisse erwähnt wurden, sagte noch gerade, ehe sie sich verabschiedete, sie würde einige tausend Taler Mitgift der Genossenschaft zuwenden. Auf der Stelle nahm Mutter Franziska die eben erteilte Zusage zurück"[107]. Sie sah das Geld unter dem Aspekt des Gebens, nicht unter dem des Nehmens und Besitzens. Sie schärfte ihren Schwestern immer wieder ein, daß sie „alle Dinge des eigenen Gebrauchs als Eigentum der Armen betrachten müßten und deshalb alles mit großer Sorgfalt zu behandeln hätten"[108]. Wenn es darum ging, Armen zu helfen, scheute sie vor nichts zurück. Sie machte sich nichts daraus, öffentlich ausgelacht und dem Gespött der Menge preisgegeben zu werden, wenn sie als Bettlerin für ihre Armen eintrat. Ihre eigenen Verwandten stellten sie auf unzumutbare Proben. Es wurde ihr ein Almosen zugesagt, wenn sie „bei Tage in hohen Herrenstiefeln" zu ihnen käme[109]. Aus Liebe zu den Armen erscheint sie in Herrenstiefeln, für damalige Zeitverhältnisse eine mehr als ungewöhnliche Erscheinung. Ein andermal soll ihr ein Schwein als Almosen für ihre Armen geschenkt werden, aber unter der Bedingung, daß sie das Schwein selbst mitnehmen und nach Hause bringen würde. Sie erfüllt diese Bedingung. Dem Tier wird an einen Hinterfuß ein Strick gebunden, und dann treibt sie es vor sich her.

Da sie selber aus wohlhabenden Verhältnissen kam, hatte sie besonders großes Verständnis für begüterte Familien, die aus irgendeinem Grunde verarmten. Sie läßt einmal einer solchen Familie 6 000 Mark durch einen Priester zukommen. Sie selber versuchte als Spenderin immer im Hintergrund zu bleiben. Einer anderen Familie läßt sie ein gefülltes Portemonnaie überreichen. Sie bemerkt hierzu: „Ich kann nicht zu Tische gehen, wenn ich denke, daß *diese* Familie vielleicht nichts zu essen hat“[110]. Durch ihre Hände flossen im Lauf ihres Lebens ungeheuer große Summen den Armen zu.

2) *Ihre Proexistenz für die Kranken*

Ärmer als die nur materiell-finanziell Armen sind die Kranken. Nicht umsonst lautet ein geflügeltes Wort: „Gesundheit ist der größte Reichtum.“ Darum kann es uns nicht wundern, daß Franziska sich besonders der Pflege der Kranken widmete. Sie widmete sich der Armen- und Krankenpflege schon von Jugend an im Elternhaus. Dieser Dienst schien ihr zunächst zu genügen, und sie versuchte damit ihre Berufung, in ein Kloster einzutreten, zu verdecken[111]. Das Motiv für ihr Dasein für die Kranken ist aber weniger das natürliche Mitleid mit diesen Armen, sondern der Glaube an die Präsenz des Herrn gerade in den Kranken. Sie nimmt den Herrn beim Wort, wenn er sagt: „Ich war krank, und ihr habt mich besucht“ (Mt 25, 36). Die größte Freude war für sie die Pflege der ekelhaftesten und an ansteckenden Seuchen (Cholera) leidenden Kranken. Sie kannte in der Pflege solcher Kranken keine Furcht und verstand es, diese Furcht auch ihren

Mitschwestern zu nehmen. Eine Zeugin berichtet, daß sie von einer gewissen Furcht befallen wurde, als sie den Auftrag bekam, in der Eifel Pockenkranke zu betreuen. Da segnete sie die Mutter und sagte zu ihr: „Mein Kind, komm, ich segne dich, du wirst niemals die Pocken bekommen“[112].

Die Schwester blieb in der Tat von allen Ansteckungen verschont, selbst als sie die an den Pocken Verstorbenen in den Sarg betten mußte. Franziska erwies einem an der Cholera erkrankten Kind ihre Liebe durch eine Zärtlichkeit, die sie sich sonst nicht erlaubte, weil sie befürchtete, dadurch das Gelübde der Jungfräulichkeit zu verletzen. Diese Liebe erwuchs aus dem Glauben. „Einmal riß ihr heiliger Glaubenseifer sie so weit fort, daß sie ein neugeborenes und eben getauftes Kind, welches schon von derselben Krankheit befallen war, auf die Stirn küßte. Ihr gläubiges Auge erkannte in demselben den innewohnenden Heiligen Geist und verehrte in ihm den für uns zum Kind gewordenen Erlöser“[113]. Wir begegnen immer wieder auf Schritt und Tritt in allen Situationen dem lebendigen Christusglauben der Seligen. Sie hatte eine besondere Vorliebe für die Nachtwachen am Bett der Kranken. Diese stellen ihr Dasein für die Kranken in das hellste Licht. Bei diesen Nachtwachen überforderte sie sich, weil sie selbst ganz auf den Schlaf verzichten wollte. „Einmal schlief sie todmüde an einem Krankebett ein. Es war in einer Nacht, als sie bei einem kranken Jungen wachte. Sie hatte demselben gesagt: ‚Wenn du etwas brauchst, gib mir nur ein Zeichen.' Nach gut drei Stunden wurde sie wach und fragte den Jungen: ‚Warum hast du mir kein Zeichen gegeben?' Er gab darauf die Antwort: ‚Es sind fast drei Stunden her, daß ich dir in einem fort Zeichen mache' "[114]. Sie mutete sich Anstrengungen zu, denen ihr zarter Körper nicht gewachsen war.

Es war ihr ein schmerzliches Opfer, als ihr in späteren Jahren ihre Geschäfte und ihr Gehorsam die persönliche Krankenpflege nicht mehr gestatteten. Ihre Assistentin, Schwester Johanna, hatte ihr einmal die Nachtwachen verboten. Eines Abends, als sich schon alle Schwestern zur Ruhe begeben hatten, wurde noch an der Pforte um eine Schwester zur Nachtwache bei einer Kranken gebeten. Die Pförtnerin gab diese Bitte an die Mutter weiter. Sie wußte nun so inständig ihre Assistentin um die Erlaubnis zu bitten, die Nachtwache übernehmen zu dürfen, daß diese nachgab. Als sie nun eilends das Haus verließ, sagte sie beim Weggang der Pförtnerin: „Ich bin so überglücklich, daß ich gehen darf, wie ein Weltkind, das auf den Ball geht"[115]. Sie dankt dem Herrn, weil er sie würdigt, ihm in den Schwerstkranken und Sterbenden zu dienen und zu helfen.

3) Ihre Proexistenz für die Sünder

Die Ärmsten der Armen sind in den Augen der Seligen die Sünder, die in der Gefahr stehen, ewig verlorenzugehen. In der Bekehrung der Sünder sieht sie den Hauptsinn ihres Lebens und den Hauptzweck der Genossenschaft. Ihr Dasein für andere ist letztlich immer ein Dasein für das Heil der anderen, wobei Heil ganzheitlich zu verstehen ist und hierarchisch gesehen werden muß. Über allem leiblichen Heil steht immer die Heiligung. Wenn ich die Intention der Seligen in der Sprache ihrer Zeit ausdrücken darf, dann geht es ihr immer primär um die Rettung der Seelen. Ihr Seeleneifer, ihre pastorale Verantwortung, ihr apostolischer Einsatz sind die tiefsten Merkmale ihres Wesens. „Die Mutter Franziska suchte *mittels* der körperlichen Pflege auch die Seelen der armen Gefährdeten und Verlassenen zu retten. Das war ihre Hauptsorge."[116] Der Dienst an den Kranken, den sie immer als „Gottesdienst" wertet, ist für sie gleichzeitig auch ein Weg, die Kranken in ihrem Heil zu fördern. Sicherlich ist der Krankendienst für sie nicht Mittel zum Zweck. Er trägt in sich einen eigenen Sinn. Sie bleibt aber nicht beim Krankendienst stehen, weil er ihr nicht genügt. Sie wollte ursprünglich „die Gründung eines Büßerinnen-Hauses in ihrer Vaterstadt übernehmen"[117]. Sie wollte Trappistin werden und hat ihrer Genossenschaft den Charakter eines Bußordens gegeben. Ihre Verehrung des bitteren Leidens, ihre Liebe zum Kreuz, zur Erniedrigung, zum Gehorsam wurzeln in ihrer Verbundenheit mit dem Herrn und in der erlösenden Qualität dieser Haltung. Sie bekennt: „Wir sind im Orden der Buße, darum sind wir verflichtet, für unsere Sünden und für die Bekehrung der Sünder Buße zu tun. Unter einem dornengekrönten Haupt darf es kein verweichlichtes Glied geben“[118]. „Im letzten Kapitel, das sie hielt, sprach sie so eindringlich über die Bußgesinnung, daß alle Schwestern tief bewegt waren“[119]. Im Laufe ihres Lebens kristallisierte sich der Buß- und Sühnegedanke immer klarer heraus. Sie nahm am 19. November 1876 die letzte Profeß von 23 Novizinnen entgegen. Dabei sagte sie: „Die Hauptaufgabe unserer Genossenschaft ist die Bekehrung der Sünder. Jede von uns muß ihr Hauptstreben dahin richten, Seelen zu retten“[120]. Die Selige kann sich nicht genug darin tun, ihren Schwestern dieses Ziel immer wieder vor Augen zu stellen. Eine Zeugin gesteht: „1870/71 durfte ich in den Kriegslazaretten bei Erfurt in der Verwundetenpflege arbeiten, wo 1 200 Franzosen waren. Die Mutter schärfte uns ein, daß wir uns nicht mit der Pflege der körperlichen Wunden begnügen dürften, daß wir vielmehr auf das Heil der Seelen bedacht sein sollten. Auf ihre Anordnung hin verteilten wir unter diesen Franzosen ungezählte Rosenkränze und Gebetbücher“[121]. Sie ließ für die Soldaten auch einen kleinen Katechismus in deutscher und französischer Sprache drucken und soll für diese Liebeswerke nicht weniger als 15 000 Mark ausgegeben haben[122]. Wo das Heil des Menschen auf dem Spiel stand, sagte sie: „Hier muß geholfen werden, es koste, was es wolle“[123].

Es ist verständlich, wenn sie bei dieser Einstellung ihr Augenmerk vor allem auf jene Menschengruppen richtete, die den Heilsweg anscheinend schon verlassen hatten. Ihr Christusbild war das des „Guten Hirten". Sie machte sich die Worte des Herrn zu eigen: „Nicht die Gesunden bedürfen des Arztes, sondern die Kranken" (Lk 5, 31). Die Selige begibt sich auf die Suche nach dem Verlorenen, weil der Menschensohn gekommen ist, „zu suchen und zu retten, was verloren war" (Lk 19, 10). Sie hat eine besondere Nähe zum Christusbild des Lukasevangeliums. Ihre Liebe gilt aus dieser Haltung heraus den Prostituierten, den zum Schafott Verurteilten, den weiblichen Gefangenen in den Aachener Strafanstalten, den notorischen Sündern. Zu dieser Einstellung wußte sie auch die Schwestern zu erziehen. „Als sie einer jungen, wohlerzogenen Schwester das natürlicherweise abstoßende Arbeitsfeld unter den Büßerinnen im ‚Prediger' anwies – im ‚Prediger' befanden sich etwa 30 Prostituierte –, stellte sie an dieselbe die Frage, ob diese Aufgabe ihr schwerfiele. Diese antwortete: ‚Liebe Mutter, ich gehe bereitwillig; aber ich kann nicht dafür, daß es mir schwer wird.' Darauf erwiderte Mutter Franziska: ‚Denk mal, der Heiland sagt von sich, dem guten Hirten, daß er neunundneunzig Schafe in der Wüste gelassen und dem einen verlorenen nachgegangen sei, und *da* sind so viele' "[124].

Zu den „verlorenen Schafen" rechnete sie auch die Juden. Es ist geradezu frappierend, wie sehr sie sich für die Bekehrung der Juden einsetzte. Sie hatte diesen Einsatz gelobt aus Anlaß ihrer wunderbaren Heilung in Lourdes. In den Zeugenaussagen des Apostolischen Prozesses in Köln und Aachen stößt man immer wieder auf ihr Bestreben um die Konversion von Juden. Ein Beispiel steht hier für viele: „Als die Mutter von Schwester Stephana, die damals noch Jüdin war, auf Einladung der Mutter Franziska ins Mutterhaus kam, sprach Mutter Franziska mit großem Gottvertrauen zu ihr: ‚Mütterchen, bleib doch hier.' Sie hatte eine große Macht über die Herzen. Die Jüdin lebte sich bei den Schwestern ein und quälte sich nicht mehr wegen der Konversion ihrer Tochter, Schwester Stephana. Später ist sie selbst katholisch geworden. Als Schwester Stephana noch Jüdin war und die Aufnahme noch nicht hatte, sagte Mutter Franziska einmal zu ihr: ‚Ich würde dich aufnehmen, wenn du mir drei Juden bringst, die sich bekehren wollen.' Tatsächlich hat Schwester Stephana diese Bedingung erfüllt. Sie brachte Franziska ihren Bruder, ihre Schwester und ihre Mutter. Hauptsächlich war die Mutter sehr eifrig, um sich vom Judentum zum katholischen Glauben zu bekehren. Ich kenne noch einige Fälle, in welchen Mutter Franziska Juden zur Kirche zurückführte, so zum Beispiel die Eheleute Herz mit zwei Kindern, . . . ferner Frau Wildt geb. Jakobson . . . Auch eine Frau Startz, die . . . als junge Jüdin den christlichen Glauben annahm. Noch eine weitere Jüdin, deren Name ich vergessen habe, wurde von Mutter Franziska bekehrt"[125].

Noch auf eine andere Gruppe von „Armen" muß hier hingewiesen werden, nämlich auf die „armen Seelen", denen wegen ihrer Sünden und Sündenstrafen der Zugang zur Anschauung Gottes verwehrt ist. Die Selige selbst rechnete mit dem Fegfeuer. Wenige Tage vor ihrem Tod sagte sie zu Bischof Laurent: „Ich bin ruhig; früher hatte ich immer Furcht vor dem Tod, aber jetzt bin ich vollkommen ruhig; wenn ich ins Fegfeuer komme, tut das nichts, das habe ich verdient"[126]. Wenn sie in ihrer großen Liebe zu den armen Seelen im Fegfeuer einen eigenen Zweig der Genossenschaft in Amerika ins Leben rief, der nur für die Verstorbenen zu beten hatte, hat sie dabei keineswegs an sich selbst gedacht. Diese Schwestern beteten statt des Marianischen Offiziums immer das Totenoffizium und trugen einen Habit von grauer Farbe[127].

4) Die Verwirklichung ihrer Proexistenz für die Sünder

a) Die Meidung der Sünde

Die auf das Heil bezogene und am Heil orientierte Proexistenz der Seligen für den sündigen Menschen darf als ihr eigentliches Lebensprogramm bezeichnet werden. Sie verwirklicht dieses Programm auf alle erdenkliche Weise. Zunächst bemüht sie sich selbst um ein Leben, das möglichst frei ist von jeder Sünde, und erzieht auch ihre Schwestern dazu. Der Heilige wiegt in den Augen Gottes viele Sünder auf. Er ist in seiner Existenz mehr als eine Genugtuung für die Sünder. Für die Selige gab es kein schlimmeres Übel als die Sünde. „Wenn sie während der Kriegsjahre eine schlechte Nachricht erhielt, was nicht selten geschah, dann sagte sie gelassen: ‚Ich kann alles ertragen, wenn nur keine Sünde geschieht' "[128]. Es gibt für sie „nur ein wirkliches Leid, und das ist die Sünde. Alle anderen Übel, die uns treffen können, dienen uns zum Heil"[129]. Sie steht ganz hinter dem Wort des Herrn: „Was nützt es dem Menschen, wenn er die ganze Welt gewinnt, aber dabei seine Seele verliert?" (Mt 16, 26). Wir kennen alle das geflügelte Wort: „Lieber sterben als sündigen." Dieses Wort, das für uns eine Phrase geworden ist, nahm eine Franziska bitter ernst. Als sie ihre erste Reise nach Amerika machte, hinterließ sie den Schwestern zwölf Punkte für ihr Verhalten. Der zweite Punkt lautet: „Fest entschlossen sein, lieber zu sterben als auch nur eine läßliche Sünde mit Überlegung und freiem Willen zu begehen"[130].

Wie negativ sie die Sünde eintaxiert, beweist folgende Episode. „Einst war ein Kloster in einer nahen Stadt abgebrannt, und in der Rekreation sprachen die Schwestern großes Bedauern darüber aus. Da sagte unsere Mutter: ‚Ich kann das nicht so sehr beklagen, denn das ist nur ein äußeres Übel. Ich wollte zehnmal lieber, daß uns das ganze Haus auf dem Kopf zusammenstürzte, als daß eine Schwester den lieben Gott mit einer freiwilligen Sünde beleidige' "[131].

b) Sühne für die Sünde

Jede Sünde verlangt nach Sühne und durch Versühnung nach Versöhnung. Die Selige sühnt und büßt in jeder erdenklichen Weise. Sie trägt einen Bußgürtel, bedient sich der täglichen Disziplin[132], fastet über Gebühr, schläft auf dem Boden, küßt die Erde, nimmt Verdemütigungen dankbar hin, übt den Gehorsam, liebt die Erniedrigung und bejaht alles Leid und Kreuz. Sie sucht durch ihr Leid zu ersetzen, was am Leiden Christi noch aussteht (Kol 1, 24). In der Enzyklika „Mystici Corporis" finden sich die vielsagenden Worte: „Ein wahrhaft schaudererregendes Mysterium, das man niemals genug betrachten kann: daß nämlich das Heil vieler abhängig ist von den Gebeten und freiwilligen(!) Bußübungen der Glieder des geheimnisvollen Leibes Jesu Christi, die sie zu diesem Zweck auf sich nehmen, und von der Mitwirkung, die die Hirten und Gläubigen, besonders die Familienväter und -mütter, unserem göttlichen Erlöser zu leisten haben." Franziska hat diese Worte nicht gekannt, aber ganz nach ihnen gelebt. Sie war geradezu erfinderisch in der Sühne. Sie liebte vor allem die Abtötung, ein Wort, das heute in der Sprache der Spiritualität verschwunden zu sein scheint. Sie war davon überzeugt, daß aus dem Sterben neues Leben kommt, daß der Tod das Leben bringt. Diese fundamentale Wahrheit, daß der Tod das Tor zum Leben ist, bezeugte sie in ihrer Abtötung. Schwester Agnes, die siebte Schwester, die nach der Gründung der Genossenschaft eintrat, „mußte jeden Freitag der Mutter Galle aus dem nahen Schlachthof besorgen, die trank die Mutter, um sich abzutöten. Der Metzger wunderte sich ... und sagte voll Mitleid: ‚Die armen Kranken tun mir leid, die immer diese Galle nehmen müssen' "[133]. Franziska fiel allen Schwestern auf durch ihren großen Bußeifer. „Man spürte, daß sie sühnen wollte für alle Sünden und Fehler, die irgendwo in der Genossenschaft geschähen. Nie wollte sie für sich etwas Besonderes. Selbst in ihrer Krankheit verweigerte sie energisch, eine bessere Suppe oder sonst etwas anzunehmen, was nicht allen gegeben wurde"[134]. Sie konnte so sehr fasten, „daß die Schwestern manchmal darüber weinten"[135]. Sie sühnte besonders Verstöße gegen die Liebe, weil ihr ganzes Leben Liebe ist. Eines Tages beobachtet die Selige, wie zwei Schwestern beim Füllen eines Strohsackes in einen kleinen Wortwechsel geraten, den sie aber bald darauf wieder vergessen hatten. „Als sie des Mittags in das Refektorium kamen, wurde bei Tisch das Miserere gebetet. Die Schwestern fragten sich in der Rekreation untereinander, für welche verstorbene Schwester das Miserere gebetet worden sei. Niemand wußte etwas vom Tod einer Schwester, und es stellte sich heraus, daß es zur Sühne für einen Fehler gegen die Liebe gewesen wäre, den zwei Schwestern am Morgen sich hätten zuschulden kommen lassen. Doch dies war noch nicht alles. Am Abend ließ die teure Mutter eine der beiden Schwestern zu sich kommen und sagte ihr in ernstem

Ton: ‚Schwester, ich wundere mich sehr, daß du noch nicht zu mir gekommen bist.' Als die Schwester, die den Vorfall vom Morgen vergessen hatte, ihr Befremden darüber ausdrückte, sagte die Mutter in strengem Ton: ‚Wie, du machst dir keine Unruhe über das, was heute morgen vorgefallen ist, und ich habe mir darüber sehr viel Unruhe deinetwegen gemacht. Ich habe mir vorgenommen, zur Buße für diesen Fehler, diese Nacht auf dem Boden zu schlafen' "[136].

Franziska erkennt durchaus den ekklesialen Charakter eines Konventes und einer Genossenschaft. Wo die Liebe zum Herrn alle Schwestern eint, müssen sie auch eins sein untereinander. „Eine geistliche Genossenschaft ist ein Nachbild der heiligen Kirche im Kleinen"[137]. Die Harmonie mit dem Herrn duldet keine Disharmonie untereinander. Die Eintracht mit ihm und die Zwietracht untereinander sind unvereinbare Gegensätze.

c) Das Gebet für die Bekehrung der Sünder

Für die Verwirklichung ihrer soteriologischen Proexistenz setzt sie nicht zuletzt das Gebet ein. Der Modellfall einer Bekehrung durch das beharrliche Gebet ist der heilige Augustinus. Der Sünder und Häretiker Augustinus wurde zu einer Provokation für das immerwährende Gebet seiner Mutter.

Die Verstockung ihres Sohnes hat die Mutter Monika besiegt durch ihr Gebet ohne Unterlaß. Durch dieses Gebet wird sie selbst eine Heilige und erreicht nicht nur die Bekehrung ihres Sohnes, sondern ihr Sohn wird ein Heiliger und der Kirchenlehrer und Kirchenvater aller Zeiten. In der vierten Lesung des Römischen Breviers hieß es: „Monika war in zweifacher Hinsicht die Mutter des heiligen Augustinus; denn sie gebar ihn für die Welt und gewann ihn für den Himmel." Etwas Ähnliches trifft auf Franziska Schervier zu, die nicht umsonst „Mutter" genannt wird. Nun ist Mutter kein moralischer Begriff. Vielfach bezeichnen wir eine Frau, die sich anderen gegenüber mütterlich verhält, als Mutter. Mutter ist letztlich ein onotologischer Begriff. Im Grunde verdient nur die Frau den Titel Mutter, die Leben spendet. Je höher und realer das Leben ist, das sie vermittelt, um so höher und realer ist auch ihre Mutterschaft. Wir können nicht ahnen, wie vielen Menschen eine Franziska Schervier durch ihre Proexistenz in geistlicher Weise Mutter geworden ist. Sie hat unzähligen Menschen das Leben des Glaubens, das übernatürliche Leben, das Christusleben geschenkt. Auf sie darf man das Wort anwenden: „Freue dich, du Unfruchtbare, die du nicht gebierst; brich in Jubel aus und jauchze, die du nie in Wehen liegst, denn zahlreicher sind die Kinder der Einsamen als die Kinder der Vermählten" (Jes 54, 1).

Mutter Franziska war kaum etwas lieber als das Gebet. „Kam sie von der Reise und es schellte zum Gebet, begab sie sich dorthin, selbst wenn sie noch im Mantel war"[138]. Sie liebte eine sehr gediegene Frömmigkeit, die nichts Übertriebenes an sich hatte. „Sie hielt uns“, so berichtet eine Zeugin, „immer zum Beten an, und bei besonderen Gelegenheiten ließ sie viel beten ... In den Tagesgebeten, die sie durch die Satzungen vorschrieb, haben wir in besonderer Weise für die Bekehrung der Sünder zu beten“[139]. In ihren „Satzungen“ schreibt sie vor: „Alle Freitage wird der Kreuzweg gehalten für die Bekehrung der Sünder, auch alle anderen Gebete und guten Werke des Tages werden dafür geopfert. Zu demselben Zwecke werden täglich die heiligen Wunden Christi verehrt, und die heilige Mutter Gottes angerufen“[140]. Die von der Seligen eingerichtete „Klarissei“, der meditative und kontemplative Zweig der Genossenschaft, hat schließlich keine andere Aufgabe, als durch ihr Gebet beizutragen zur Bekehrung der Sünder. Sie ist gleichsam der „Mose“, der unaufhörlich die Hände erhebt, damit die Schwestern, die in der Kranken- und Armenpflege an der Front stehen, den Sieg davon tragen.

Martin Buber bringt eine kurze Erzählung mit dem Titel „Die gute Gottesleugnung“. „Rabbi Mosche Löb sprach: ‚Es gibt keine Eigenschaft und keine Kraft, die umsonst geschaffen wäre. Und auch alle niederen und verworfenen Eigenschaften haben eine Erhebung zum Dienste Gottes. So etwa der Hochmut: wenn er erhoben wird, wandelt er sich zu einem hohen Mut in den Wegen Gottes. Aber wozu mag eine Gottesleugnung geschaffen sein? Auch sie hat ihre Erhebung in der hilfreichen Tat. Denn wenn einer zu dir kommt und von dir Hilfe fordert, dann ist es nicht an dir zu sagen: ‚Hab Vertrauen und wirf deine Not auf Gott', sondern dann sollst du so handeln, als wäre da kein Gott, sondern auf der ganzen Welt nur einer, der diesem Menschen helfen kann, du allein"[141].

Der Mensch verkündet den Namen Gottes, indem er da ist für andere. So hat uns Christus den Namen Gottes kundgetan und dadurch den Vater verherrlicht. Jeder Mensch verwirklicht sein Sein nur in seinem Da-Sein.

In der Nachfolge Christi hat eine Franziska Schervier ihre Existenz verstanden und gelebt als eine Koexistenz mit den Armen und als eine auf das Heil ausgerichtete Proexistenz für die „Armen" in allen Variationen. Weil sie so in ihrem Leben auf ungewöhnliche Art Christus verherrlichte, hat er sie verherrlicht und zur Seligen des Himmels erhoben. Über das Leben der Seligen darf man das Wort setzen: „Keiner von uns lebt für sich selbst und keiner stirbt für sich selbst. Leben wir, so leben wir für den Herrn, sterben wir, so sterben wir für den Herrn. Wir mögen also leben oder sterben, wir gehören dem Herrn" (Röm 14, 8).

Anmerkungen

1 Den Ausführungen liegt folgende Literatur zugrunde:
a) Die bisherigen Veröffentlichungen über Franziska Schervier:
Ignatius Jeiler, Die gottselige Mutter Franziska Schervier. Freiburg 1897[2].
Josef Brosch, Mutter Franziska Schervier; Aachen 1953.
Josef Brosch, Mutter der Armen; Leutesdorf 1973.
Joh. M. Berchmans Jakobs, Eine Frau und ihr Du; Aachen 1954.
Christiana Humpf, Strom der Liebe; Aachen 1973.
b) Ungedruckte, nur vervielfältige Literatur: Sturm im Segel; Aachen 1960.
c) Unveröffentlichte Literatur: Übersetzung aus der Positio des Apostolischen Prozesses in Köln 1913–1923; Übersetzung aus der Positio des Apostolischen Prozesses in Aachen 1935–1937. Diese beiden Übersetzungen wurden zitiert mit APK und APA.
d) Handgeschriebene Quellen:
Einundzwanzig Rundschreiben der Ehrwürdigen Mutter (Abkürzungen: Rundschreiben).
Notizbücher; Krippenspiel; Vorbereitung zur ewigen Profeß; Bericht über den Ursprung der Genossenschaft. Dieser Bericht ist in der dritten Person geschrieben und stimmt im wesentlichen überein mit der Niederschrift der Seligen über ihr Leben, die sie im Gehorsam gegen ihren damaligen Beichtvater Pater Lambert Rethmann anfertigen mußte. Sie erbat sich die Niederschrift zurück und verbrannte sie. Sie wußte nicht, daß Pater Rethmann eine Kopie anfertigen ließ. Diese Kopie ist aber verlorengegangen. Da Franziska glaubte, daß ihr erster Bericht vernichtet sei, mußte sie im Anfang der siebziger Jahre auf den Wunsch ihres Erzbischofs, des späteren Kardinals Paulus Melchers, die Entstehung der Genossenschaft zu Papier bringen. Diese Entstehungsgeschichte ist noch handschriftlich erhalten und wird mit „Bericht“ zitiert. Ihre Briefe und die Chronik wurden nur insofern eingebracht, als Jeiler sie verarbeitet

hat. Die übrigen angeführten Veröffentlichungen geben in ihren Zitaten die Fundquelle nicht an und stützen sich alle hauptsächlich auf Jeiler.
Ich habe großen Wert darauf gelegt, die Fundquelle aller Zitate anzugeben. Jeiler und Brosch werden nur dort zitiert, wo die Quelle nicht ermittelt werden konnte. Zudem habe ich Quellen eingebracht, vor allem die Rundschreiben, die Notizbücher, den Bericht, das Krippenspiel und auch die Zeugenaussagen, insofern sie bisher noch nicht benutzt worden sind, um so das Bild der Seligen zu vervollständigen, das aber immer noch skizzenhaft bleibt.

2 Ignatius Jeiler, Die gottselige Mutter Franziska Schervier, Freiburg 1897[2], S. 546.
3 Vgl. Jeiler S. 565.
4 Bericht.
5 Josef Brosch, Mutter der Armen. Leutesdorf 1973. S. 84.
6 Sturm im Segel, S. 12.
7 Rundschreiben 12.
8 Rundschreiben 23. Dieses Rundschreiben ist unterzeichnet von ihrer Nachfolgerin, Mutter Fulgentia, die aber hier die Selige wörtlich zitiert.
9 Jeiler, S. 465.
10 Satzungen Nr. 46.
11 Vgl. Jeiler, S. 466.
12 Jeiler, S. 464.
13 Jeiler, S. 39/40.
14 APA, S. 23.
15 APA, S. 24.
16 APK, S. 40/45.
17 APK, S. 57.
18 APA, S. 24.
19 APK, S. 37.
20 APA, S. 4.
21 APK, S. 35.
22 APK, S. 3.
23 APA, S. 2.
24 APK. S. 48.
25 APK, S. 11.
26 Notizbuch.
27 APK, S. 6.
28 APA. S. 6.

29 Vgl. dazu Hans Küng, Christ sein, München- Zürich, 1974, S. 433.
30 APK, S. 26.
31 Jeiler, S. 395.
32 Notizbuch.
33 APK, S. 39.
34 APK, S. 36.
35 APK, S. 58.
36 APK, S. 44.
37 APK, S. 51.
38 APK, S. 8.
39 Sturm im Segel, S. 50.
40 APK, S. 24.
41 Gertrud von le Fort, Der Kranz der Engel. Bonn 1946. S. 127.
42 Gerhard Lohfink, Weihnachten und die Armut, in: Begegnung 54 (1973), S. 2.
43 Vgl. Lohfink ebd.
44 Lucie Christine, Geistliches Tagebuch 1870—1908. D'dorf 1923, S. 186.
45 APK, S. 3.
46 APK, S. 58.
47 APA, S. 19.
48 APK, S. 28.
49 APK, S. 34.
50 Jeiler, S. 488.
51 André Louf, In uns betet der Geist. Einsiedeln 1974, S. 90.
52 Jeiler, S. 130.
53 APK, S. 17.
54 APK, S. 94.
55 APK, S. 46.
56 APK, S. 24.
57 APK, S. 24.
58 APK, S. 6.
59 APK, S. 7; 38 und 49.
60 APK, S. 38.
61 APK, S. 48.
62 APK, S, 49.
63 APK, S. 14.
64 Rundschreiben 10.

65 APA, S. 23.
66 APK, S. 63.
67 Jeiler, S. 465.
68 Sturm im Segel, S. 160.
69 Eleonora Duse, in: Samen im Wind. Luzern, 1939. S. 68.
70 Jozsef Kardinal Mindszenty, Erinnerungen, Frft. 1974, S. 97.
71 Hilda Sandtner, In allem ist Licht, Donauwörth 1973, S. 58.
72 APK, S. 49.
73 APK, S. 48.
74 APK, S. 22.
75 Jeiler, S. 545.
76 APK, S. 47.
77 Dorothea Forstner, Die Welt der Symbole, Innsbruck 1961, S. 390.
78 APK, S. 32.
79 APA, S. 32.
80 Rundschreiben 4.
81 APK, S. 46/47.
82 APK, S. 47.
83 Notizbuch.
84 Rundschreiben 8.
85 Rundschreiben 20.
86 Jeiler, S. 499.
87 Jeiler, S. 245.
88 Jeiler, S. 496; 499; 505 (Er bringt den gleichlautenden Text an drei verschiedenen Stellen, um seine Bedeutung hervorzuheben).
89 Friedrich Wulf, Kommentar zum Dekret über die zeitgemäße Erneuerung des Ordenslebens, in: Lexikon für Theologie und Kirche, Das Zweite Vatikanische Konzil. II. Band. Freiburg 1967. S. 297.
90 Rundschreiben 8.
91 APK, S. 63 (vgl. Jeiler, S. 496/497).
92 APK, S. 76.
93 Notizbuch.
94 APK, S. 31.
95 APA, S. 13.
96 APA, S. 13.

97 Vgl. zu der Übersetzung des Hebräischen „ejéh aschér ejéh“ Alfred Läppe, Die Entstehungsgeschichte der Bibel, München 1969. S. 70.

98 Heinrich Zimmermann, Das absolute „Ego eimi“ als die neutestamentlische Offenbarungsformel, in: Biblische Zeitschrift 4 (1960) S. 54—69 und S. 266—276. S. 272.

99 Theodor Schneider, Gewandeltes Eucharistieverständnis? Einsiedeln. 1969. S. 36 = Er führt hier nicht weniger als dreißig Stellen aus Schrift und Liturgie an, in denen das „Für-uns“ die Mitte bildet.

100 Heinz Schürmann, Der proexistente Christus — Mitte des Glaubens von morgen?, in: Diakonia, 3 (1972) S. 147—160.

101 Jeiler, S. 42.

102 APK, S. 43.

103 Vgl. Hierzu Adolf Exeler, Exodus. München 1974. (Als Manuskript gedruckt) S. 76 ff Zur Theologie der Befreiung.

104 APK, S. 30.

105 APK, S. 82.

106 Jeiler, S. 380.

107 Jeiler, S. 480.

108 APK, S. 75.

109 Jeiler, S. 64.

110 Jeiler, S. 424.

111 Vgl. APK, S. 56. Sie gesteht diese Tatsache fast mit den gleichen Worten in ihrem „Bericht“.

112 APK, S. 2.

113 Jeiler, S. 325/426.

114 APA, S. 9.

115 Jeiler, S. 428.

116 APK, S. 56.

117 „Bericht“.

118 APK, S. 23.

119 APK, S. 46.

120 APK, S. 21.

121 APK, S. 26.

122 APK, S. 14.

123 Jeiler, S. 220.

124 Jeiler, S. 435.

125 APK, S. 57; vgl. ferner APK, S. 9; 10; 27; 43; 48; 60/61; 73; 79).
126 Jeiler, S. 550.
127 APK, S. 15 und 73.
128 APK, S. 37.
129 APK, S. 69.
130 Rundschreiben 10.
131 Sturm im Segel, S. 35.
132 APK, S. 38.
133 APK, S. 36.
134 APK, S. 34.
135 APK, S. 12.
136 Sturm im Segel, S. 155.
137 Rundschreiben 12.
138 APK, S. 44.
139 APK, S. 51.
140 Satzungen Nr. 39.
141 Martin Buber: Die Erzählungen der Cassidim. Zürich 1949. S. 538.

Inhaltsübersicht

Im Johannes-Verlag Leutesdorf
erschien über die selige Franziska Schervier
von Joseph Brosch

Mutter der Armen
1974. Dritte Auflage. 112 Seiten.
ISBN 3-7794-0570-9

Im Geleitwort zur dritten Auflage schreibt der Bischof von Aachen, Johannes Pohlschneider, unter anderem: „Die Schrift über die ‚Mutter der Armen' hat gewiß nicht wenig dazu beigetragen, das Bild der neuen Seligen weithin bekannt zu machen und zum Gebet und zum besonderen Vertrauen der seligen Franziska von Aachen einzuladen.

Daß darüber hinaus die Selige in ihren Werken einer einzigartigen Nächstenliebe viele auf ihrem Wege nach sich ziehen möge, soll der besondere Wunsch aller sein, die etwas von der Herrlichkeit der göttlichen Gnade wissen und bereit sind, mit dieser Gnade stetig mitzuarbeiten . . ."

Zu beziehen von der

Katholischen Schriftenmission, D-5451 Leutesdorf am Rhein